WAKAYAMA

47 都道府県ご当地文化百科

和歌山県

丸善出版 編

丸善出版

刊行によせて

　「47都道府県百科」シリーズは、2009年から刊行が開始された小百科シリーズである。さまざまな事象、名産、物産、地理の観点から、47都道府県それぞれの地域性をあぶりだし、比較しながら解説することを趣旨とし、2024年現在、既に40冊近くを数える。

　本シリーズは主に中学・高校の学校図書館や、各自治体の公共図書館、大学図書館を中心に、郷土資料として愛蔵いただいているようである。本シリーズがそもそもそのように、各地域間を比較できるレファレンスとして計画された、という点からは望ましいと思われるが、長年にわたり、それぞれの都道府県ごとにまとめたものもあれば、自分の住んでいる都道府県について、自宅の本棚におきやすいのに、という要望が編集部に多く寄せられたそうである。

　そこで、シリーズ開始から15年を数える2024年、その要望に応え、これまでに刊行した書籍の中から30タイトルを選び、47都道府県ごとに再構成し、手に取りやすい体裁で上梓しよう、というのが本シリーズの趣旨だそうである。

　各都道府県ごとにまとめられた本シリーズの目次は、まずそれぞれの都道府県の概要（知っておきたい基礎知識）を解説したうえで、次のように構成される（カギカッコ内は元となった既刊のタイトル）。

Ⅰ　歴史の文化編
　「遺跡」「国宝 / 重要文化財」「城郭」「戦国大名」「名門 / 名家」
　「博物館」「名字」
Ⅱ　食の文化編
　「米 / 雑穀」「こなもの」「くだもの」「魚食」「肉食」「地鶏」「汁

物」「伝統調味料」「発酵」「和菓子 / 郷土菓子」「乾物 / 干物」

Ⅲ　営みの文化編

「伝統行事」「寺社信仰」「伝統工芸」「民話」「妖怪伝承」「高校
野球」「やきもの」

Ⅳ　風景の文化編

「地名由来」「商店街」「花風景」「公園 / 庭園」「温泉」

　土地の過去から始まって、その土地と人によって生み出される食
文化に進み、その食を生み出す人の営みに焦点を当て、さらに人の
営みの舞台となる風景へと向かっていく、という体系を目論んだ構
成になっているようである。

　この目次構成は、一つの都道府県の特色理解と、郷土への関心に
つながる展開になっていることがうかがえる。また、手に取りやす
くなった本書は、それぞれの都道府県に旅するにあたって、ガイド
ブックと共に手元にあって、気になった風景や寺社、歴史に食べ物
といったその背景を探るのにも役立つことだろう。

＊　　　＊　　　＊

　さて、そもそも47都道府県、とは何なのだろうか。47都道府県
の地域性の比較を行うという本シリーズを再構成し、47都道府県
ごとに紹介する以上、この「刊行によせて」でそのことを少し触れ
ておく必要があるだろう。

　日本の古くからの地域区分といえば、「五畿七道と六十余州」と
呼ばれる、京都を中心に道沿いに区分された8つの地域と、66の「国」
ならびに2島に分かつ区分が長年にわたり用いられてきた。律令制
の時代に始まる地域区分は、平安時代の国司制度はもちろんのこと、
武家政権時代の国ごとの守護制度などにおいて（一部の広すぎる国、
例えば陸奥などの例外はあるとはいえ）長らく政治的な区分でも
あった。江戸時代以降、政治的区分としては「三百諸侯」とも称さ
れる大名家の領地区分が実効的なものとなるが、それでもなお、令
制国一国を領すると見なされた大名を「国持」と称するなど、この
区分は日本列島の人々の念頭に残り続けた。

　それが大きく変化するのは、明治維新からである。まず地方区分

は旧来のものにさらに「北海道」が加わり、平安時代以来の陸奥・出羽の広大な範囲が複数の「国」に分割される。政治上では、まずは京・大阪・東京の大都市である「府」、中央政府の管理下にある「県」、各大名家に統治権を返上させたものの当面存続する「藩」に分割された区分は、大名家所領を反映して飛び地が多く、中央集権のもとで中央政府の政策を地方に反映させることを目指した当時としては、極めて使いづらいものになっていた。そこで、まずはこれら藩が少し整理のうえ「県」に移行する。これがいわゆる「廃藩置県」である。これらの統合が順次進められ、時にあまりに統合しすぎて逆に非効率だと慌てつつ、1889年、ようやく1道3府43県という、現在の47の区分が確定。さらに第2次世界大戦中の1943年に東京府が「東京都」になり、これでようやく1都1道2府43県、すなわち「47都道府県」と言える状態になったのである。これが現在からおよそ80年前のことである。また、この間に地方もまとめ直され、京都を中心とみるのではなく複数のブロックで扱うことが多くなった。本シリーズで使っている区分で言えば、北海道・東北・関東・北陸・甲信・東海・近畿・中国・四国・九州及び沖縄の10地方区分だが、これは今も分け方が複数存在している。

　だいたいどのような地域区分にも言えることではあるのだが、地域区分は人が引いたものである以上、どこかで恣意的なものにはなる。一応1500年以上はある日本史において、この47都道府県という区分が定着したのはわずか80年前のことに過ぎない。かといって完全に人工的なものかと言われれば、現代の47都道府県の区分の多くが旧六十余州の境目とも微妙に合致して今も旧国名が使われることがあるという点でも、境目に自然地理的な山や川が良く用いられているという点でも、何より我々が出身地としてうっかり「○○県出身」と言ってしまう点を考えても（一部例外はあるともいうが）、それもまた否である。ひとたび生み出された地域区分は、使い続けていればそれなりの実態を持つようになるし、ましてや私たちの生活からそう簡単に逃れることはできないのである。

＊　　　　＊　　　　＊

　各都道府県ごとにまとめ直す、ということは、本シリーズにおい

刊行によせて　　iii

ては「あえて」という枕詞がつくだろう。47都道府県を横断的に見てきたこれまでの既刊シリーズをいったん分解し、各都道府県ごとにまとめることで、私たちが「郷土性」と認識しているものがどのようにして構築されたのか、どのように認識しているのかを、複数のジャンルを横断することで見えてくるものがきっとあるであろう。もちろん、47都道府県すべての巻を購入して、とある県のあるジャンルと、別の県のあるジャンルを比較し、その類似性や違いを考えていくことも悪くない。あるいは、各巻ごとに精読し、県の中での違いを考えてみることも考えられるだろう。

　ともかくも、地域性を考察するということは、地域を再発見することでもある。我々が普段当たり前だと思っている地域性や郷土というものからいったん身を引きはがし、一歩引いて観察し、また戻ってくることでもある。有名な小説風に言えば、「行きて帰りし」である。

　本シリーズがそのような地域性を再発見する旅の一助となることを願いたい。

2024年5月吉日　　　　　　　　　　　　　執筆者を代表して

　　　　　　　　　　　　　　　　　　　　森 岡　　浩

目　　次

知っておきたい基礎知識　1

基本データ（面積・人口・県庁所在地・主要都市・県の植物・県の動物・該当する旧制国・大名・農産品の名産・水産品の名産・製造品出荷額）／県章／ランキング1位／地勢／主要都市／主要な国宝／県の木秘話／主な有名観光地／文化／食べ物／歴史

I　歴史の文化編　11

遺跡 12 ／国宝/重要文化財 17 ／城郭 23 ／戦国大名 30 ／名門/名家 34 ／博物館 38 ／名字 43

II　食の文化編　49

米/雑穀 50 ／こなもの 55 ／くだもの 59 ／魚食 65 ／肉食 69 ／地鶏 74 ／汁物 78 ／伝統調味料 82 ／発酵 87 ／和菓子/郷土菓子 92 ／乾物/干物 99

III　営みの文化編　103

伝統行事 104 ／寺社信仰 108 ／伝統工芸 114 ／民話 120 ／妖怪伝承 126 ／高校野球 132 ／やきもの 138

Ⅳ　風景の文化編　141

地名由来 142 ／商店街 147 ／花風景 153 ／公園/庭園 158 ／温泉 163

執筆者 / 出典一覧　167
索　引　169

【注】本書は既刊シリーズを再構成して都道府県ごとにまとめたものであるため、記述内
　　容はそれぞれの巻が刊行された年時点での情報となります

和歌山県

知っておきたい基礎知識

- 面積：4725km^2
- 人口：88万人（2024年速報値）
- 県庁所在地：和歌山市
- 主要都市：海南、橋本、田辺、御坊（ごぼう）、有田、新宮（しんぐう）、紀の川、岩出
- 県の植物：ウバメガシ（木）、ウメ（花）
- 県の動物：メジロ（鳥）、マグロ（魚）
- 該当する旧制国：南海道紀伊国（きいのくに）
- 該当する大名：和歌山藩（徳川氏）
- 農産品の名産：ウメ、ミカン、モモ、ダイコンなど
- 水産品の名産：マグロ、シラスなど
- 製造品出荷額：2兆3835億円（2021年）

●県 章

「ワカヤマ」の頭文字であるワの字を、末広がりの形に見立てて図案化したもの。

●ランキング1位

・ミカンの収穫量　このほか、サンショウ、ハッサク、セミノールなどの柑橘類の生産において、全国1位となっているものが多い。柑橘類は温暖な気候に適するため、本州の中でも南にあたる和歌山では育ちやすいのだが、そもそもミカンという名前も、有田のあたりで室町時代に発見された蜜のような甘い実をつける橘を「蜜柑」と呼んだことが全国に広まった、という伝承がある。やがて、戦国時代、肥後国八代（熊本県八代市）から小みかんの良い苗木が持ち帰られたものを、豪胆で大胆な性格で知られた和歌山藩の初代藩主である徳川頼宣が主導して紀伊全域に栽培を広め、県を代表する作物になったという。

●地　勢

　近畿地方の南部、紀伊半島のうち西部から南部にかけての沿岸部と山岳地帯を占める。大きな平地は北部を東から西に流れる紀の川沿いに広がる和歌山平野のみにほぼ限られており、それ以外は紀伊半島の山岳地帯から流れ下る有田川や熊野川、日高川などの河口にわずかな平地があるのみである。県庁所在地の和歌山市はこの和歌山平野の沿岸部、紀の川河口の南側にあり、またそのほかの主要都市である御坊や有田、田辺、新宮なども同様の河口付近の平地に発展している。

　県域の大半を占める山地には、古くから山岳霊場として名高く世界遺産にもなっている熊野の山地や、北部にあって真言宗の中心としても知られる高野山などを擁している。これらの山々は海まで迫ってリアス式海岸を形成している。このため南部においては良港の多さとそもそもの平地のすくなさから海運や漁業が盛んであり、南部の中心都市である新宮や田辺は紀伊藩内の家老の小城下町や港町として栄えてきた。ただし、この地形は南海トラフを震源とする南海地震による津波の被害も増幅している。本州の最南端である潮岬も、南海地震によって数回の隆起を受けておりその海食台も観察される。

●主要都市

・和歌山市　江戸時代の初頭に紀伊藩の城下町として、1585年に築城された城がさらに整備されてできた町を由来とする県庁所在地。それ以前から

も万葉集にも歌われた名勝和歌の浦などを擁する、紀伊国でも古くから発展してきた地域であった。「南海の鎮」とも歌われて江戸時代には国内屈指の都市であったが、現在では近畿地方全体の中での地盤沈下が課題となっている。

・海南市　和歌山市の少し南に位置する、古くから漆器が有名な黒江、製塩で知られた日方などの小都市が合併してできた都市。工業も盛ん。

・橋本市　紀ノ川沿い内陸部にある、奈良県方面へ向かう街道と大阪から高野山に向かう街道が交差する交通の要衝として栄えた都市。市の南に隣接する高野町にある高野山は真言宗の中心地として高原に多数の仏堂や住人が集中する、国内有数の「宗教都市」としても知られている。

・田辺市　熊野地域への玄関口としても知られ、江戸時代には紀伊藩家老の城下町としても栄えた南部地域の中心都市。熊野近辺の山地を市域に含むため、現在の市域は県土の4分の1を占める。

・新宮市　熊野三山へとつながる熊野川の河口にあり、三山への玄関口として、また川を介した熊野名産の木材の集散地として、さらに太平洋海運の港町として中世以来栄えた都市。市内には中世以来の霊場、熊野三山が広がる。

・有田市　有田川の河口付近にあたり、一帯は江戸時代以来のミカンの生産地としても知られている。ただし河口付近の平地がやや少なく、現在の都市としての発展は、現代に入って沿岸部に製油所が立地したことが大きい。

・御坊市　日高川の河口付近、江戸時代の初頭に本願寺の別院（御坊）がおかれたことによって発展した都市。隣の日高川町には安珍・清姫で有名な道成寺がある。

●主要な国宝

・金剛峯寺不動堂・金剛三昧院多宝塔　高野山金剛峯寺は平安時代の初期に弘法大師空海によって開かれた真言宗の総本山である。現在でも117もの寺院が山中に開けた高原に連なっており、僧侶育成のための大学や住居、参拝者の宿泊施設（宿坊など）や町役場などを含む都市の様相を呈している。本山はまた聖域として、アジール（逃げ込むことによって世俗権力の追求を逃れることができる場）の扱いも受けていた。国宝指定を受けている不動堂は鎌倉時代の後期に建築されたもので、檜皮葺の屋根に平安時代

和歌山県　知っておきたい基礎知識　　3

の邸宅を思わせる屋根をしている。全山で現存する最古の建築が金剛三昧院の多宝塔で、こちらは鎌倉時代の初期に建築された。

・長保寺　海南市にある、平安時代に一条天皇（藤原道長が権勢をふるったのと同時期）の発願で開山された寺院。本堂・塔・大門が国宝に指定されているが、これは、鎌倉時代〜南北朝時代にかけての建築の好例がよく保存されていることによるものである。海南市は和歌山市に隣接するが、そのこともあって江戸時代には紀伊徳川家の墓所ともなった。

・根来寺多宝塔　高野山からみて北西、紀の川を挟んで対岸にある根来寺（根來寺）は、平安時代の後期（院政期）に真言宗の中興者ともされる覚鑁が高野山から移って開いた寺である（このため、高野山を本山とする宗派とは別途の真言宗とされる）。根来寺は中世を通じて紀伊の一勢力となるが、一時豊臣秀吉の紀伊攻めで滅ばされ復興するなどの波乱をたどった。国宝の多宝塔はこの秀吉の焼き討ちを生き延びた建造物で、今ではほとんどない「大塔形式」という姿であることも知られている。

●県の木秘話

・ウバメガシ　暖かい地域で育つ常緑性の広葉樹で、特に海岸付近でも育つなど生命力が強いことで知られている。温暖で黒潮に沿岸部を洗われる和歌山県では特によく育つ。特筆すべき点として、良質の炭を産することが知られ、紀州の備長炭といえば木炭の中でも特に良質のものとして知られている。

・ウメ　バラ科の花木であり、となりの大阪府でも府の木とされている。山岳地帯が多い和歌山県では、ウメなどの果樹が早くから田畑に適さない傾斜地で、特に南部の田辺を中心に育てられたが、江戸時代にはまだあまり質が良くなく、継続的な品種改良と戦後の南高梅の開発などを得て、現代の和歌山を代表する良質産品としての地位を得た。

●主な有名観光地

・和歌の浦　現在の紀の川河口から少し南、和歌山市街地の南側に位置する。長く伸びた砂州と小高い天神山や雑賀崎などとによって穏やかな入江と干潟が形成されたこの一帯は、『万葉集』にある「若の浦に潮満ちくれば潟を無み葦辺を指して鶴鳴き渡る」（和歌の浦に潮が満ちて干潟がなくなっていった。そして鶴や水鳥が芦原に向かって飛び立っていく）とい

う和歌によって歌枕として有名になった。江戸時代には東照宮が設けられ、玉津島神社などとともにもっぱら聖地として知られていたこの一帯は、近代に入ってから近畿の都市部に近い行楽地として知られるようになる。現在では、改めて、古くからの景観保全が課題となっている。

・白浜温泉　紀伊半島の中ほどにある白い砂浜、白良浜で知られているが、温泉自体も『日本書紀』に登場する「牟婁の湯」（一帯は牟婁郡と呼ばれている）に比定されている。江戸時代にも湯治場として知られていたが、近代の紀勢線や道路の整備によって交通の便が良くなったことで、近畿地方のリゾート地として知られるようになった。パンダで有名なアドベンチャーワールドもこのリゾート開発の流れでできたものである。

・熊野三山　新宮市の熊野速玉大社、田辺市内陸部の熊野本宮大社、那智勝浦町の熊野那智大社からなる3つの神社は、平安時代から鎌倉時代にかけて「蟻の熊野詣」とも呼ばれるほど大勢の参拝客でにぎわった。紀伊半島の陸路は基本的に峻険だが、そこを縫って通された「熊野古道」は世界遺産にも指定されている。関連してご神体ともされる那智の滝や朱塗りの那智大社の社殿もよく知られる。ただし、熊野本宮大社のみ、江戸時代までの位置から、熊野川の水害でながされて現在地に移転している。

●文　化

・南方熊楠と自然保護　和歌山市に生まれ、後半生を田辺で過ごした南方熊楠は、明治時代〜戦前を代表する生物学・博物学者の一人として記憶されている。山が深く植生も豊かな紀南地域で活躍した彼は、一方で若き日には西洋に留学し、多くの論文を発表した。粘菌や植物のコレクションが今も多数のこされているが、和歌山県の地理的に残した業績としては、各地の植生の保護を訴えたこと、また田辺市近くに浮かぶ神島の植生保全を訴え、時の昭和天皇にも進講したことなどがあげられる（神島は現在でも基本的に立ち入り禁止である）。

・紀州箪笥と紀州漆器　そもそも森林が非常に多い和歌山県では、ウバメガシのところでも紹介した備長炭をはじめとして木材を使った伝統産業が発達した。漆器の産地としては古くから僧侶の使用品として需要があった根来寺に始まり、後に秀吉の紀州攻めで逃れた職人が集住したとされる黒江（海南市）が主な産地として知られている。また、桐を用いた箪笥は、紀の川による水運での木材集積と海運との結節点であり、また大阪にも近

和歌山県　知っておきたい基礎知識　5

い和歌山の町で特に江戸時代から保護を受けた。

・捕鯨と海難事故　紀伊は古くから捕鯨、特に沿岸捕鯨の拠点として知られていた。特に有名なのが串本や太地、古座などである。先述の通り平地が少ないこの地域では漁獲があるかどうかは死活問題であり、1878年には不漁の中で無理を押して捕鯨をした太地の漁民100名以上が行方不明となる「大背美流れ」という海難が起こっている。海難という点では江戸時代の末期以来、沖合を通る外国船も同じであり、1890年に串本沖合で遭難したオスマン帝国軍艦エルトゥールル号の救助をめぐる物語は現在も知られている。

●食べ物

・醤油　西海岸の湯浅・広村は早くから、寺方に納める金山寺味噌の生産をきっかけにして現在につながる醤油の生産が盛んであったことで知られており、すでに戦国時代には近畿中心部への移出の記録が残っている。ここでの醤油製造は江戸時代以降、江戸方面に向かう海路に乗って下総国銚子（千葉県銚子市）でも開かれ、そこから千葉県北部を中心に醤油製造が現在に至るまで盛んになっていた。この湯浅・広村から銚子に向かったものに由来する醤油製造業者が、現在のヤマサである。

・熊野灘の海産物　南部の熊野地域の沿岸部に平地がほとんどないことにはすでに触れたが、このためもあってこの辺りには魚の郷土料理も多い。代表的なものには太刀魚やウツボがあげられる。また、山岳地帯を介して意外と大和（奈良県）との行き来も多数あり、奈良県の郷土料理として知られる柿の葉寿司は、紀州からもちこまれた熊野灘のサバを使ったのが始まりであると伝承されている。

●歴　史

●古　代

　和歌山県の県域には古くから人の営みが確認されており、旧石器時代と推定されている遺跡もいくつかある。そのような遺跡の一つが、縄文時代のものとされる鳴神貝塚（和歌山市街地の東にそびえる丘の中途）で、近畿地方では初めて発見された貝塚としても知られている。

　全体の大半を山岳と森林が占める紀伊国は、それゆえに「木の国」が語

源であるという説が後代まで語られている。南部の熊野地域には、紀の川流域とは独立した勢力があったという説がある。なお、『古事記』中では伝説上の初代天皇とされる神武天皇が、大阪府まで来ていたにもかかわらずなぜか熊野・吉野（奈良県）の山岳地帯を大回りして奈良盆地に入った、という記述があり、この大回りは現在まで謎のままになっている。とはいえ、熊野三山につながる信仰がかなり古いものであることは確からしい。

　早い段階で紀伊は四国地方に向かう道筋の拠点と位置付けられていた。北部を流れる紀の川は、上流部が大和国の吉野に達しており、奈良盆地からは一度山を越えてしまえば比較的容易に海まで迎えるルートの一つだったのである。後に平安京に遷都をしてからは、山陽道を明石（兵庫県）で分岐して淡路島を縦断して四国に向かうルートもできたが、紀貫之『土佐日記』においても都への船が阿波（徳島県）から紀淡海峡を渡って大阪湾に入るなど、紀伊廻りの海路は長らく重要であった。

　また、文化史上では熊野三山と並んで、紀伊国の山岳霊場としての性格を決定づけた高野山が、弘法大師空海とその弟子たちにより816年に北部の山中に創建されている。

●中　世

　大寺社が多い紀伊国では、それゆえに荘園も早くから数多くできることになり、多くの荘園絵図が現在まで残されている。また、この中世初期、院政期に盛んにおこなわれたのが熊野詣である。この熊野詣は、京の都から淀川を下って摂津の渡辺津（後の大阪）から四大土寺へと出て、さらに陸路南下して熊野に向かうというもので、険しい道にもかかわらず、12世紀の後白河法皇に至っては30回以上もの参拝が記録に残っている。紀伊にはこのころまでに高野山から分かれた根来寺、後白河法皇の保護を受けた紀三井寺などいくつもの有力寺院ができており、これに各地の荘園と険しい地形が重なって、多数の小領主が成立していた（有力だったのは湯浅氏）。とはいえ、南海航路上の重要地点である紀伊国は鎌倉時代には北条氏・三浦氏などの有力御家人が守護につき、また室町時代には三管領（室町幕府において将軍補佐職〔管領〕を世襲した3家）の一つ、畠山家が守護を務めている。

　この諸領主分立の状況は中世を通じて変わらなかった。寺社が多いことで守護職・国司双方ともに全土に影響力を及ぼすことができず、また同じ

和歌山県　知っておきたい基礎知識　　7

く寺社が多い大和においては興福寺が隔絶した勢力だったのに対してこちらでは複数の寺社勢力が並立していた。このため武家も寺社も多数の小勢力があり、その中でも特に戦国時代に有名なのは、北部の根来寺の僧兵を中心とした根来衆と、同じく北部の紀の川下流に勢力を張った雑賀衆である。両者はいずれも早くから、北隣の和泉国にある堺（大阪府堺市）などを介して鉄砲を軍備に取り入れた集団として知られている。

　この状況は畿内地方への近さによる寺社の活発さも一因だったが、一方でその状況を急に終わらせたのも、畿内地方に巨大な勢力ができたことであった。織田信長・豊臣秀吉によってこれらの小勢力は降伏と鎮圧を余儀なくされる（この間、高野山や根来寺といった寺院までも炎上している）。そして1585年、豊臣秀吉の命のもと、現在の和歌山城の位置に城が築かれることになる。

●近　世

　近世に至っても、紀伊国は重要な地域であった。江戸と大坂を結ぶ主要海路である南海路は紀伊国沿岸を通過し、かつ江戸時代を通じて重要な経済都市である大坂に江戸から向かうにあたって、古代以来の紀淡海峡、いわゆる由良の戸は必ず通らなければならない場所であったためである。加えて、江戸初期の国替えの結果として、紀伊国の対岸にあたる四国には阿波徳島の蜂須賀家、土佐高知の山内家という大きな外様大名が配されており、和歌山の位置は海路においても、また周辺大名へのにらみにおいても重要な地点となっていた。このため、紀伊国全域に加えて伊勢南部までも領地とする巨大な藩、和歌山藩が徳川頼宣を初代として設立されることになる。これが徳川家の一門たる御三家の一角、紀伊徳川家の始まりである。

　徳川頼宣は、すでに述べた通り小領主・土豪が乱立していた紀伊一帯を260年にわたって治めることになる藩の基盤を築いたという点からその気ままさや大胆さを語る伝説も多い。和歌山城南の堀止は、和歌山城の堀を拡張しようとしていたところ、当時起こった浪人の反乱未遂事件（由井正雪の乱）への関与を頼宣が疑われたためにやむなく止めたという伝承がある。また、当初から格式などもあって財政難の傾向があった藩において、漆器や果樹栽培などの地場産業振興に先鞭をつけたり、紀三井寺など古刹の保護や復興などにおいて人心の安定に努めたのも彼だと伝えられている。一方、南部の田辺や新宮には、藩の附家老（分家の監督・補佐のために本

8

家に命じられて仕える家老。この場合は将軍家が紀伊徳川家の監督のために、ということになる）とされた名家が独自に領地を差配するための城を構えた。

　こうして、紀伊藩は江戸時代を通じて大藩として存続し、和歌山の町は大藩の城下町と海運の重要拠点として当時国内屈指の大都市に数えられるほどの賑わいを見せた。また、中期以降は第8代将軍の徳川吉宗を輩出したことによって、幕府への影響力も強い藩となる。幕末には藩主（のちに14代の将軍である家茂）が、将軍継嗣問題と通称される派閥争いに巻き込まれている。

　他方、外洋に面した紀伊には早くも1800年前後から異国船の遭難や来航が発生した。特に有名な物には、串本沖大島に1791年に避難した「レディ・ワシントン号」、1854年に紀伊水道を通過したロシア軍艦「ディアナ号」があげられる。特に後者は和歌山藩の海防体制も再考させた。

● 近　代

　戊辰戦争緒戦において、和歌山藩は鳥羽・伏見の戦いでの負傷兵などを快く受け入れたため、一時新政府から疑念を買ったものの、軍資金の提供や京都警備の引き受けなどで何とか乗り切り、廃藩置県を迎えた。この際、先述の附家老領として半独立状態の田辺・新宮がそれぞれ一時的に県となっている。ただし、すぐに整理され、1871年中に田辺・新宮・和歌山の各県および高野山が持つ周辺の寺領が統合されて現在の和歌山県が成立した。

　なお、この際に新宮を流れる熊野川より東の旧紀伊国が、度会県（のちに合併して三重県に編入）となっている。この理由は現在まではっきりしていないが、紀伊藩が伊勢の松阪・田丸に持っていた領地と、その周辺の小藩・伊勢神宮領をまとめるにあたって巻き込まれたのではないか、という推定がある。

　これ以降の和歌山県は近畿地方の一角を占める県となるが、近代の内航海運の衰退が大きな影響を与えた。近畿地方の諸県で唯一、主要な幹線道路が通らずかつ山によって大阪・京都と隔てられた和歌山は、これによって交通上の優位を失うことになり（紀勢本線の最終的な全線開通は第二次世界大戦後、自動車道は現在も建設中）、北部の沿岸部の工業を除くと、主に農業や食品産業を中心とする現在の姿へと変貌していく。一方、近代

和歌山県　知っておきたい基礎知識　　9

に向けての鉄道の高速化や南紀白浜空港の利用促進、自動車道の整備といった交通の改善は、改めて観光地としての熊野や白浜にも目を向けさせることになり、現在、観光客が大幅に増加している。

【参考文献】
・藤本清二郎・山陰加春夫編『和歌山・高野山と紀ノ川』吉川弘文館、2003
・小山靖憲ほか『和歌山県の歴史』山川出版社、2015

I

歴史の文化編

遺　跡

岩橋千塚古墳群（両面人物埴輪）

地域の特色　和歌山県は、近畿地方南部、紀伊半島西半部に位置する。南は太平洋に面し、潮岬は北緯33度26分で本州最南端にあたる。北は大阪府、東は奈良県・三重県に接し、西は紀伊水道を隔てて徳島県に対する。いわゆる中央構造線に沿って東西に連なる和泉山脈を北限とし、紀伊半島の尾根大峰山脈の西側・南北に連なる紀和果無山脈の西側斜面に位置する。大部分は紀伊山地の山岳地帯であり、西と南側の海岸線は絶壁をなす美しい海岸線を呈する。河川は中央構造線に沿って流れる紀ノ川をはじめ、有田川、日高川、日置川、古座川、熊野川がある。こうした紀伊水道に面した海岸線には平野が形成され、特に紀ノ川や有田川、日置川下流域の丘陵や沖積地などに、弥生時代以降、古墳時代の遺跡が数多く認められる。なお、弥生中期後半から後期にかけては、橘谷遺跡（和歌山市）、星尾山遺跡（有田市）など、標高100ｍを超す山上に位置する「高地性集落」が出現している。

　古代には紀伊国が設置されていたが、古くは北部に紀伊国造、南部に熊野国造を置き、紀ノ川下流は紀氏が本拠を置いていた。伊都、那賀、名草、海部、在田、日高、牟婁の7郡があり、その大半を牟婁郡が占めている。いわゆる「熊野」と呼ばれ、熊野三山（熊野本宮大社、熊野速玉大社、熊野那智大社）の管理する土地であり、山中他界と海上他界が双方を習合して、他の宗教的聖地には見られない魅力が人々を引き付けた。熊野詣は平安時代以降に盛んとなり、京から本宮を経て、新宮・那智に至る大辺路や山中を通り熊野大社を経て那智に向かう中辺路などには、現在も当時の古道の痕跡が残る。白河・鳥羽などの上皇をはじめ貴賤を問わず数多くの人々が熊野詣を行った。また高野山金剛峰寺をはじめ、粉河寺、根来寺、道成寺など、信仰を集めた寺院も多い。

　中世には畠山・細川・山名氏などが守護となるが、基本的には畠山氏が守護職を継いだ。その後羽柴秀吉により平定され、関ヶ原の戦の後は浅野

幸長が和歌山城に入るが、1619（元和5）年に徳川家康の子頼宣が和歌山藩に封ぜられた。田辺を安藤氏、新宮を水野氏の付家老が治め、幕末を迎える。廃藩置県後、1871年7月に和歌山県、田辺県、新宮県が設立され、同年11月に和歌山県に統合された。近世の伊都郡・那賀郡の高野山寺領は和歌山県に、南・北牟婁郡と伊勢国8郡は三重県に、大和国吉野郡は奈良県に編入されている。

主な遺跡

太田黒田遺跡
＊和歌山市：紀ノ川左岸、河口部の自然堤防上、標高約5m前後に位置　**時代** 弥生時代前期～中期

　区画整理事業に先立ち、1968～71年にかけて発掘調査が行われた。竪穴住居跡15棟をはじめ弥生中期の遺構が中心だが、前期の遺構として土坑や井戸、溝、炉なども検出されている。頸部に1条から数条の突帯をめぐらせた突帯文土器が検出されているほか、いわゆる「紀伊型甕」と呼ばれる縄文時代晩期の深鉢系の土器が検出されている。紀伊型甕は口縁部と肩部に刻み目をもつ突帯が形成され、北部九州から伝播したとされる遠賀川式土器との関わりが指摘されている。こうした土器群は、畿内や東瀬戸内地域にも多く認められることから、その交流域を示唆するものとして評価されている。また遺跡の北辺では、袈裟襷文銅鐸（総高29.9cm、石舌が内蔵）が出土している。石器も豊富で、石鏃、石槍、石包丁、大型蛤刃石斧などが多数出土している。いわゆる紀ノ川流域で早い段階で水田稲作文化を取り入れた遺跡として、中核的な集落であった可能性が指摘されている。

田屋遺跡
＊和歌山市：紀ノ川北岸の沖積地上、標高約6mに位置　**時代** 弥生時代後期～古墳時代後期

　1982年より国道24号線（和歌山バイパス）建設に伴い発掘調査が行われ、竪穴住居跡約60棟などが検出された。調査はその後も開発に伴い断続的に実施されている。興味深い点としては、弥生時代後期の住居形態は正方形を呈し、ベッド状遺構や中央に炉穴を有する形態であったが、その後、長方形で竪穴壁に竈をもち、床面に柱穴が認められない特徴をもつ住居跡が出現、その後正方形へと変化するといった建築史的知見が得られた。なおベッド状遺構については、近年の調査で古墳時代の住居でも認められている。長方形住居跡では陶質土器や韓式系土器が認められ、朝鮮半島からの渡来系の人々の活躍を示唆する遺跡といえる。

Ⅰ　歴史の文化編

岩橋千塚古墳群

＊和歌山市：紀ノ川左岸、岩橋山地北側尾根など、標高約30～150mに位置 **時代** 古墳時代前期～後期 **史**

　1907年に大野雲外、N. G. マンローらが調査を行い、1931年には国指定史跡となった。1961年から県教育委員会による分布調査が行われ、その成果に基づいて末永雅雄、森浩一らが主要な古墳について発掘調査を実施した。独立丘陵や尾根のなかに古墳群が構成されており、岩橋前山、花山、大日山、大谷山、井辺、井辺前山の各地区に分かれている。花山地区は前方後円墳が多く、最大規模の古墳は花山8号墳で、主軸長52mの前方後円墳で、主体部は破壊が激しく規模は明確ではないが、粘土槨と見られ、床からは剣、滑石製勾玉、管玉、臼玉、ガラス小玉が出土している。丘陵の最高所に位置し、古墳群では最古級の5世紀初頭と考えられている。

　古墳群最大級の古墳は、古墳群の東側に位置する天王塚古墳で、主軸長86m、後円部径44m、高さ10m、前方部幅46m、高さ8m。3段に築成されている。主体部は横穴式石室で、全長10.95mを測り、石棚と8本の直梁を架し、高さ5.9mに及ぶ。遺物には冠帽断片、玉類、鉄鏃、挂甲、鞍、馬具類、須恵器の高杯や土師器の壺なども認められたが、盗掘により大部分は失われていた。6世紀前半と推定される。

　また、福飯ヶ峰の北斜面の井辺前山地区には、規模は和歌山県下最大級とされる井辺八幡山古墳があり、主軸長88mの前方後円墳である。後円部径45m、前方部幅57mで、3段築成で墳丘各段の平坦面には円筒埴輪列が一重にめぐり、葺石や周濠は存在しない。つくり出し部から、円筒埴輪のほかに家、盾、武人、力士、巫女、馬、猪などをかたどった形象埴輪や、大甕、壺、器台などの須恵器が数多く出土している。特に、顔に入れ墨を有し褌を締めた力士（和歌山市指定文化財）や角坏を背負った男子などは著名である。主体部は未調査だが、横穴式石室の存在が推定されている。6世紀初頭前半～中葉の築造と推定されている。

　古墳群のうち、最も古墳が集中しているのは、岩橋前山地区であり、中・小型の円墳を主体としている。なお、岩橋千塚古墳群の横穴式石室には特色があり、変成岩の割石で築かれて、岩橋型と呼ぶ特殊な構造をもつほか、石棚、石梁を設けて玄室を高くした構造も認められる。なかでも規模、構造ともに発達のピークが天王塚古墳であるといえる。

　国の特別史跡に指定された範囲、約61万m²の面積だけでも430基の古墳があり、全国的に見てもきわめて密集した古墳群である。

鳴滝遺跡
（なるたき）

＊和歌山市：和泉山地南麓、舌状台地の尾根上、標高約24～28mに位置　**時代** 古墳時代中期

　近畿大学付属高校の建設に伴い、1982年に県教育委員会により調査が実施された。大型の掘立柱建物7棟（西列5棟、東列2棟）が東西方向に棟をもち、整然と並んで発見された。いずれも妻側に太い棟持柱をもった桁行4間・梁間4間の切妻の高床式建物であった。また、柱と高床を支える束柱が2本組み合わせられた構造をした箇所が認められ、建築史上も貴重な知見を提示している。いわゆる「楠見式土器」と呼ばれる須恵器が大量に発掘されたことから、紀氏に関わる倉庫群と評価されている。5世紀前半から中頃の一時期に遺物が集中しており、短期間に柱材ごと抜き取るかたちで、移転した可能性が推測されている。

　鳴滝遺跡から南東1kmほどに、楠見遺跡（和歌山市）が位置している。「楠見式土器」の発見された遺跡であり、溝状遺構と大量の土師器、陶質土器が検出された。陶質土器には、甕、壺、器台、台付鉢、甑などがある。その特徴としては、鋸歯文様、綾杉文様、絡紐文様、透かし（正方形・楕円・半円）、貼付け装飾などがあり、初期の国産須恵器には認められない要素が見られることから、朝鮮半島から渡来した陶工によって製作されたものと評価されている。

　こうした点も踏まえ、これまで取り上げた鳴滝・楠見・田屋遺跡や岩橋千塚古墳群など、紀ノ川流域の古墳時代の遺跡群は、朝鮮半島と関わりの深い、紀氏一族の活動の一端を示すものとして注目されている。

大谷古墳
（おおたに）

＊和歌山市：紀ノ川北岸、和泉山脈の尾根端、標高約15～30mに位置　**時代** 古墳時代中期　**史**

　1957年より京都大学考古学研究室により調査が行われ、主軸長70m、後円部径40mを測る。主体部は九州産凝灰岩製の組合せ石棺であり、後円部中央に主軸方向の墓坑に埋納されていた。石棺蓋は家形、身は長持形である。副葬品は石棺内からは素文鏡、ガラス勾玉、挂甲、剣、直刀、衝角付冑、耳飾、帯金具などが検出され、石棺外からも、日本ではきわめて珍しい馬冑、馬甲、短甲、鞍が検出されたほか、矛5本や木箱に納められた轡、杏葉、雲珠、革金具、鈴などが検出された。木箱の下からも、鐙、鞍、鉄鎌、鑿、鍬先、手斧が出土している。築造は5世紀末～6世紀初頭と考えられ、朝鮮半島系の遺物が見られることから、密接な交流のあった紀氏一族が被葬者として推定されている。

Ⅰ　歴史の文化編　　15

那智山経塚群

＊東牟婁郡那智勝浦町：熊野那智大社飛滝権現の参道付近、標高約 260 〜 300m に位置 **時代** 平安時代〜江戸時代

　1918年に遺物が発見され、1930年には約 60基の経筒をはじめ、鏡、銭貨などが多数発見された。1968年、69年にも調査が行われ、経塚と修法遺構などが検出されている。経塚は巨石の周辺に構築されたものと、石を方形基壇状に構築したものなどがある。紀年銘資料では、1153（仁平3）年が最も古く、1530（享禄3）年が最新の経筒である。ほかにも銅仏像、懸仏、塔、諸尊の持物を表す銅製三昧耶形、大壇具などの特殊な祭儀に伴う遺物も出土している（『那智山滝本金経門縁起』に記載される埋経供養の形態と一致）。いわゆる那智山および熊野信仰の歴史を物語る資料として、興味深い。ちなみに那智勝浦には本州最南端の前方後円墳である下里古墳（那智勝浦町）があり、主軸長約37m、後円部径22m、前方部幅11m を測る。主体部は竪穴式石室だが、戦前に乱掘を受け、遺物は散逸している。

根来寺坊院跡

＊岩出市：紀ノ川北岸の和泉山脈の尾根筋など、標高 100m 前後に位置 **時代** 平安時代後期〜戦国時代 **史**

　1976年より断続的に発掘調査が行われており、広大な伽藍の様子が明らかになりつつある。覚鑁上人によって開創された新義真言宗の総本山であり、もともとは高野山内に開かれた大伝法院を前身とする。金剛峰寺との対立から山をおり、寺領弘田荘内の豊福寺を拠点として発展、室町時代後期には坊院の数は450を超えた。発掘調査では、大量の輸入陶磁器をはじめ、茶道具、文房具、日常生活財に至るまで、数多くの遺物が出土している。特に備前焼の大甕を蔵に設置して備蓄を図るほか、寺域外でも根来塗や鍛冶などの工房跡も検出され、その勢力の大きさをうかがわせる。1585（天正13）年の羽柴秀吉による紀州攻略により、大塔、大師堂を除いて、堂宇は灰燼に帰した。境内地では中心伽藍を除いてほぼ全域に焼土層が確認されている。復興は江戸時代後期以後のこととなる。

　ちなみに高野山金剛峰寺遺跡（伊都郡高野町）でも1962年以降、発掘調査が実施されており、高野山金剛峰寺真然堂解体修理で発見された納骨遺構や奥の院の納経遺構、塔頭寺院跡や地鎮遺構などが検出されている。

国宝／重要文化財

蒔絵手箱
(古神宝類)

地域の特性

近畿地方の南西部に位置し、西から南側にかけて太平洋に面している。紀伊半島の南西部の山地が大部分を占める。平野はきわめて乏しく、北側で東西に広がる紀ノ川流域の和歌山平野がまとまった平地となっている。この平野が穀倉地帯で、太平洋の河口付近では近代工業が発達し、臨海工業地帯が形成された。また京阪神のベッドタウン化による人口増加も著しい。県央部はミカンやジョチュウギク、ウメの産地である。県南部には黒潮の洗う複雑な海岸線がのび、漁業が盛んで、温泉観光地がある。かつて漁師たちはカツオの群れを追って土佐沖から東は房総沖まで出漁し、房総半島の漁業開発にも関与した。

山地に囲まれて、高野山と熊野三山が強大な勢力を誇っていた。816年に空海が高野山に金剛峯寺を開き、以来高野山は真言密教の根本道場として栄えた。熊野三山の信仰が高まったのは、平安時代後期に上皇や公家たちによる熊野詣が流行してからである。戦国時代なると、紀ノ川下流の雑賀で石山本願寺の一向宗の勢力が強くなったのだが、織田信長と豊臣秀吉はこれらの宗教勢力を撃破した。江戸時代には徳川御三家の一つである紀州藩55万5,000石が置かれた。明治維新の廃藩置県で三つの県が設置された後、現在の和歌山県に統合された。

国宝／重要文化財の特色

美術工芸品の国宝は29件、重要文化財は280件である。建造物の国宝は7件、重要文化財は75件である。高野山に国宝／重要文化財が集中している。金剛峯寺をはじめ多数の子院の寺宝が高野山霊宝館に集められ、一括管理されている。収蔵点数は5万点を超え、国宝／重要文化財は164件ある。そのほかに道成寺などの古刹、熊野信仰に関連する熊野速玉大社、熊野那智大社、那智山青岸渡寺に国宝／重要文化財が多くある。紀州藩初代藩

主徳川頼宣が社殿を造営した東照宮には、家康が所用した具足と多数の刀剣が収蔵されている。

● **仏涅槃図** 高野町の高野山霊宝館で収蔵・展示。平安時代中期の絵画。釈迦が入滅（死去）する光景を描いた涅槃図で1086年に制作され、日本で現存する最古の涅槃図として知られる。『大般涅槃経』と『大般涅槃経後文』に釈迦入滅の様子が説かれている。弟子たちと旅をしていた釈迦は、死期を悟ると河の畔の沙羅林に行き、床を設けさせて、弟子たちから最後の質問を受けた後、頭を北へ向けて横臥し、夜半に入滅した。安らかに眼を閉じた白衣の釈迦像を取り囲んで、さまざまな色彩の衣装を着た慟哭する弟子たちが対照的に描かれている。右上方には、忉利天（須弥山の頂上）から穏やかに見守る母親の麻耶夫人像があり、釈迦入滅の劇的場面を構成している。

空海を開祖とする高野山には、金剛峯寺のほかにたくさんの支院があり、それぞれが多数の寺宝を所蔵している。収蔵展示施設として京都府の平等院鳳凰堂をモデルに、和様の霊宝館が1921年に建てられ、霊宝館を中心に高野山全体の文化財の保管・公開が行われるようになった。鳳凰堂をモデルにしても、向かって左側翼廊部分は建てられず、右側しかないので「片翼の鳳凰」とも呼ばれている。常設展示以外に、毎年夏期に特別展示の大宝蔵展が開催され、国宝／重要文化財が展示される。

● **粉河寺縁起** 紀の川市の粉河寺の所有。鎌倉時代前期の絵画。粉河寺草創の由来と霊験を描いた1巻の縁起絵巻である。粉河寺は、本尊が千手観音立像で、770年に猟師大伴孔子古が千手観音像を得て祀ったのが始まりとされる。平安時代になると観音信仰が広まり、藤原頼通が参詣して粉河参詣が貴族たちの間で流行した。1054年には『粉河寺大率都婆建立縁起』が著述されて、説話が知られるようになり、縁起絵巻も制作されたのである。縁起は寺院の草創譚と霊験譚の2話からなる。草創譚は、童の行者の来訪を受けた猟師が猟場のそばに草堂を営むと、童の行者が7日間こもって仏像をつくり姿を消した。燦然と輝く千手観音を前にして、猟師と群がる老若男女が仏像をあがめ帰依したという話である。霊験譚は、河内国（大阪府）に住む長者の娘が難病にかかって苦悶していると、童の行者が来て千手陀羅尼を祈り7日で病は全快した。長者は財宝を授けようとしたが、童の行者は断り、仕方なく娘は紅の袴と提鞘（守り刀）を贈る。紀伊国の粉河に住んでいると童の行者は告げて去ったので、

長者一家がそこへ行ってみると、千手観音像が祀られ手には提鞘と紅の袴が下げられていた。驚いた一家はその場で出家したという話である。簡単な詞の後に絵が数場面連続し、繰り返し同じ建物が描かれる。躍動感あふれる劇的な情景はないが、純朴な人々の表情や素朴な景色に説話絵巻の古い様式がうかがえる。

◎**道成寺縁起**　日高川町の道成寺の所蔵。室町時代中期の絵画。法華経の功徳を説く2巻の絵巻で、15世紀後半の作品とされる。熊野詣にやって来た若い僧に恋慕した人妻が、逃げる僧を追い駆けるうちに大蛇に変身。僧は道成寺に逃げ込んで鐘の中に隠れるが、大蛇は鐘に巻きついて僧を焼き殺す。その後道成寺の僧たちが法華経の写経供養を行うと、2人は天人に生まれ変わったという話である。道明寺説話が現れる最も古い文献は長久年間（1040〜44年）に編述された『大日本法華経験記』で、12世紀初頭の『今昔物語』にも収載されている。道明寺説話を取り入れた能の「道成寺」の影響を受け、歌舞伎舞踊や三味線音楽、人形浄瑠璃や歌舞伎狂言、地歌や箏曲などに道成寺物と呼ばれる芸能分野が派生した。中世までは法華経の功徳を説く仏教説話の性格が強く、主人公の僧と女性の名前、素性も一定していなかった。近世以降に安珍・清姫の人名が定着し、女性の激情に普遍的かつ永遠なテーマを見いだして、芸能・文芸の分野で多くの作品が生まれたのであった。

●**古神宝類**　新宮市の熊野速玉大社の所蔵。室町時代前期の工芸品。神宝とは神社で祭神の使用に供するため奉納された宝物である。熊野三山の一つである新宮（熊野速玉大社）は、十二社大権現と称して12社で構成される。1390年の遷宮の際に、後小松天皇、後円融上皇、足利尊氏、諸国守護が多種類の美麗な物品を調進した。その内容は多岐にわたり、装束類、冠と冠箱、義髻、挿頭箱、玉佩、笏と笏箱、挿鞋（履物）と挿鞋箱、彩絵檜扇、懸守、鏡と鏡箱、蒔絵手箱と内容品、錘（紡錘）、枠、苧笥（桶）、武具類、鞍など合計1,204点が国宝である。なかでも装束類は保存状態が良く、男性用の袍、直衣、表袴、女性用の袙、唐衣、裳、夜具の衾などに浮線綾丸文、小葵文、雲立涌文などの繊細な文様が織られ、服飾史や染織史に貴重な資料となっている。また11合の豪華な螺鈿の蒔絵手箱には、白銅鏡と鏡箱、歯黒箱、白粉箱、薫物箱、錙、耳掻、髪掻、眉作、歯黒筆、解櫛、櫛など、小物ながら美しい装飾の施された化粧用具が多数納められていた。なお1社分の蒔絵手箱のみ流出し、

I　歴史の文化編　19

個人蔵となった。古神宝は当時最高の工芸技術を駆使してつくられた奉納品であり、風俗史の観点から見ても興味深い。

　熊野三山は本宮、新宮、那智山からなる。古く熊野川を鎮める神が祀られて、平安時代前期に神像がつくられた。法華経の山岳修行の道場としても栄え、観音の住む南方海上の補陀落山浄土へと旅立つ補陀落渡海が、那智の浜から船出した。神仏習合が進んで熊野三所権現となり、本宮は阿弥陀如来、新宮は薬師如来、那智山は千手観音が本地仏とされた。平安時代後期には上皇や貴族たちによる熊野参詣が盛んとなり、鎌倉時代には全国から参詣者が集まった。鎌倉時代後期には本宮から那智山へと信仰の主体が移り、滝そのものを描いた東京都根津美術館所蔵の那智瀧図 が制作された。以後滝を強調した那智参詣曼荼羅が多数描かれた。明治維新の廃仏毀釈で熊野三山から仏教色が一切排除されたが、1874年に如意輪観音像が那智山に戻されて青岸渡寺が復興された。

●金剛峯寺不動堂

　高野町にある。鎌倉時代中期の寺院。藤原頼実の娘で土御門天皇の中宮麗子の発願で、高野山の一心院谷に1197年に建立されたと伝えるが、建築様式から見ると鎌倉時代中期以降の年代と推測されている。1908年に金剛峯寺伽藍境内の現在地に移築された。不動堂は縦長の方1間の母屋を中心に、四周に庇をめぐらせて桁行3間、梁間4間とし、左右両側に、神仏に祈願するための参籠の小室が付けられた。参籠の小室を加えたため、ほかでは見られないような複雑な形状の屋根となった。中央の仏堂を入母屋造にして左右の小室に孫庇を設け、隅のところは片流れの縋破風におさめている。建具は、正面を格子の裏に板を張って上下に分けた蔀戸、ほかの面は両開きの妻戸か、引戸の舞良戸である。横にのびた檜皮葺の屋根が軽快感を与え、寝殿造に見られる蔀戸や妻戸が設けられて、飾り気のない住宅風の外観である。堂内には不動明王坐像 を本尊に、脇侍として運慶作の八大童子立像 が安置されている。建物と仏像は一体となって、鎌倉時代の真言密教の世界を伝えている。

●根来寺多宝塔

　岩出市にある。室町時代後期の寺院。根来寺（根來寺）は、高野山にいた覚鑁（1095〜1143年）が大伝法院を創立した後、内紛により高野山から現在地に移って開いた寺で、中世に大きな勢力を誇った。1585年に豊臣秀吉の紀州攻めにより、多宝塔（大塔）などの主要伽藍を残して全山焼失し、近世になって復興された。

多宝塔は二重屋根の塔で、下重が方形、上重が円形の平面をして、中国や朝鮮にはない日本独特の仏塔である。根来寺の多宝塔は1480年頃に着工され、完成したのは半世紀以上たった1547年頃だった。下重は方5間14.9mで、塔の総高は35.9mとなり、一般的な方3間の多宝塔よりもかなり規模が大きい。下重の内部に12本の柱が円形に立ち並び、正面と背面、両側面の柱間に引違障子、そのほかの柱間には連子窓が設けられて、内陣と外陣に区画している。円形の柱列内部に四天柱があり、四天柱内一杯に須弥壇を構えて、本尊の胎蔵界大日如来坐像と、四方に4仏4菩薩の8体の仏像が安置されている。空海は高野山で大日如来を祀る大毘盧遮那法界体性塔を建立したと伝えられ、その塔は大塔と通称された。円形平面に方形の屋根をかけた一重塔に、裳階を付けた二重の形態で，下重は方5間で内部に12本の円形に並ぶ柱列が2通りあったらしいという。根来寺多宝塔は均整のとれた大塔形式の塔で、高野山の根本大塔の原形をうかがい知ることのできる唯一の建物である。

◎旧西村家住宅

新宮市にある。大正時代の住居。建築家で、東京御茶ノ水に文化学院を創設した西村伊作（1884～1963年）の建てた自邸で、1914年に竣工した。西村伊作は、新宮市の豪商大石氏のもとに生まれた。父は熱心なキリスト教徒で、息子伊作の名前も旧約聖書に登場するイサクから付けられた。伊作は8歳の時に、母方の山林大地主西村氏の養子となり、西村姓となった。世話になった父の末弟の大石誠之助は、1911年の大逆事件で捕えられ、翌年処刑されている。西村は独学で欧米の建築や生活様式を勉強し、論説や著作を発表して建築の設計を行った。現在残っている住宅は西村自身が設計した3度目の自邸で、旧来の接客を重視した客間中心の日本の住居に対して、家族の集う居間を中心とする近代的住空間の創出へと、生活と建築の大転換を意図していた。木造2階建で切妻造、桟瓦葺で、1階中央部に玄関とホール、ホール南側に中心となる居間と食堂が、広々と配置された。給排水や給湯などの設備も試みられ、家族を主体に、より快適に、より豊かにという西村の追及した建築思想が随所に読み取れる。

Ⅰ 歴史の文化編 21

☞ そのほかの主な国宝／重要文化財一覧

	時　代	種　別	名　　　称	保管・所有
1	古　墳	考古資料	◎大谷古墳出土品	和歌山市立博物館
2	飛　鳥	彫　刻	◎銅造阿閦如来立像	親王院
3	奈　良	典　籍	●不空羂索神変真言経	三宝院
4	平　安	絵　画	●絹本著色阿弥陀聖衆来迎図	有志八幡講
5	平　安	絵　画	●絹本著色五大力菩薩像	有志八幡講
6	平　安	絵　画	●絹本著色伝船中湧現観音像	竜光院
7	平　安	彫　刻	●木造弥勒仏坐像（廟所安置）	慈尊院
8	平　安	工芸品	●沃懸地螺鈿金銅装神輿	鞆淵八幡神社
9	平　安	典　籍	●金銀字一切経（中尊寺経）	金剛峯寺
10	平安〜桃山	古文書	◎宝簡集・続宝簡集・又続宝簡集	金剛峯寺
11	鎌　倉	彫　刻	●木造八大童子立像	金剛峯寺
12	鎌　倉	歴史資料	◎高野版板木	金剛三昧院
13	鎌　倉	古文書	◎紀伊国桛田庄絵図	宝来山神社
14	江　戸	絵　画	●紙本著色山水人物図（池野大雅筆）	遍照光院
15	中国／唐	彫　刻	●木造諸尊仏龕	金剛峯寺
16	朝鮮／高麗	典　籍	◎高麗版一切経	金剛峯寺
17	鎌倉前期	寺　院	◎金剛三昧院多宝塔	金剛三昧院
18	鎌倉後期	寺　院	●善福院釈迦堂	善福院
19	鎌倉後期	寺　院	●長保寺本堂	長保寺
20	室町後期〜明治	神　社	◎丹生都比売神社本殿	丹生都比売神社
21	桃　山	寺　院	◎那智山青岸渡寺本堂	那智山青岸渡寺
22	桃　山	神　社	◎天満神社本殿	天満神社
23	江戸前期	神　社	◎東照宮	東照宮
24	江戸中期	民　家	◎旧谷山家住宅（旧所在　海南市）	紀伊風土記の丘
25	昭　和	学　校	◎旧高野口尋常高等小学校校舎	橋本市

城　郭

和歌山城天守

地域の特色

　紀伊国からなる和歌山県は「紀の国」と呼ばれ、山岳と森林が大半で、海岸線に沿ってわずかな平地がある。したがって城館の多くは海岸に点在するわずかな中小武士団が割拠し、築いたものである。湯川氏の亀山城、湯浅党の湯浅城、太田党の太田城、雑賀党の雑賀城などである。

　山岳地帯には、高野山、延暦寺の影響も強く、紀伊ならではの寺院勢力では深山道場、熊野三山などの山岳宗教の場としての色彩が強い。これら寺社は信徒である都の貴族、武力集団の武家の力を背景に武装化して、山岳寺院の城郭化がなされた。熊野の海岸には水軍を組織した集団が形成され、紀伊水道と熊野水道に絶大な武力集団となった。

　守護勢力はこの山地と渓谷の間の地、海岸のわずかな平地、大河川の河口などからなる広大な土地を独自の支配手段で統治しなければならなかった。明徳の乱、応永の乱で、守護勢力は没落し、寺社勢力と中小の武士勢力が台頭。さらに羽柴秀吉の紀州平定がなされるのである。これ以降、県内の城郭は和歌山城の新規築城のほかは、田辺城、新宮城を残して廃城となり、ことごとく破城された。この秀吉による平定と破城命令により、紀伊国は一気に近世的体制となった。

　江戸時代の紀伊国は太平洋・名古屋方面から半島を巡り瀬戸内海へ出入りする紀伊水道を固める必要から、さらに和歌山城で高野山、根来寺などの仏教勢力の動向を監視するため徳川一門がいた。その家臣、水野氏が新宮城へ、安東氏が田辺城をそれぞれ増改築して入城した。

　なお、秀吉による紀州仕置の折、紀伊国は秀吉が領した。秀吉は大和郡山築城にあり、藤堂高虎、羽田正親、横浜一庵が普請奉行として和歌山城築城をなした。このとき、羽柴秀長が城主で五層天守があがったといわれる。

　慶長5（1600）年浅野幸長が甲府より37万6千石で入城。元和5（1619）年幸長は安芸広島に移封。徳川頼宣が駿府より55万5千石で入城。紀州徳川

I　歴史の文化編

家初代となり、紀州徳川家が明治に至る。

主な城

市之瀬城
いちのせ

別名 一ノ瀬城、龍松城、龍巻城　**所在** 西牟婁郡上富田町市ノ瀬　**遺構** 堀

　南北朝の初め、牟婁の領主山本氏が築いた。数代の裔、胤忠は護良親王の吉野挙兵に参加した。その後、湯浅氏に300余隻もの船を貸したり、正平15（1360）年には畠山義深と龍門山で戦い、これを破り、天授年間（1375〜81）時の城主忠茂が細川氏を破るなど、当初は南朝方として活躍した。

　永禄年間（1558〜70）に三好長慶が高屋城の河内守護畠山高政を攻めたとき、畠山氏に味方して大いに働いたという。天正13（1585）年豊臣秀吉の紀州征伐に対しては、苦戦に苦戦を重ねながらも防戦に努めたが落城し、山本氏は熊野に走った。これ以降南紀の国人は没落する。

　城は本丸や二の丸削平地、堀を残す。石垣がみられないのは、明治の中期、富田川護岸工事に運び去られたためという。

上野山城

別名 八王子城　**所在** 田辺市古尾

　戦国時代、湯川氏が砦を構えていた。天文22（1553）年、守護畠山氏が山本掃部広信に湯川氏を攻めさせ、湯川氏を降して広信を城代とした。とはいえ命脈は保つが、ついに紀州征伐で天正14（1586）年、湯川氏は滅ぶ。豊臣秀長の臣、泊城主杉若越後守が入城、上野山城として修築を加えた。慶長5（1600）年、関ヶ原の戦いに新宮城主堀内安房守が西軍についたため、越後守は徳川家康の命をうけて堀内氏を討った。紀州を与えられた浅野幸長は、浅野右衛門佐を入城させた。同8（1603）年、右衛門左は江川浦の洲崎に移城したが、海に向かった平城のため、翌々年8月、大暴風雨のため洲崎城は流失、同11（1606）年、湊村に築城した。これが田辺城である。

太田城
おおた

所在 和歌山市太田　**遺構** 城門（移築）

　城の起源については、紀伊国造紀俊連が延徳年間（1489〜92）に築いたとか、太田源太夫が天正4（1576）年に築城したといわれるが、いずれにせよ豪族太田党の本拠であった。太田党は黒田、村垣、吉田各郷の党が集まり、その背後には3万と称する僧兵を従えた根来寺がついていた。天正13

(1585) 年3月、根来寺を焼打した豊臣秀吉は太田城に押し寄せた。太田一族は容易に軍門に降らなかったため、手を焼いた秀吉は水攻めをかけた。太田城水攻めは備中高松城、武蔵忍城とともに三大水攻めとされる。紀の川から引かれた水は城を泥海の中に孤立させたが、城兵の抵抗も激しく、堤防が切れて秀吉軍に多くの死者を出したこともあった。攻防1か月余、秀吉側からの説得で太田一族は53人の武将が自害し落城した。城内の男女の命は助かったという。

大野城 （おおの）　**別名** 藤白城、両城　**所在** 海南市大野中　**遺構** 鳥居、土塁、堀切、堅堀

　建武年間（1334～36）に浅間入道沙弥覚心が居城とし、子の成忠に継がれた。正平9（1354）年細川宗茂がこの地を領し、野瀬某を代官として居城させた。その後、南朝方が拠ったため、弘和元（1381）年、山名義理が攻め、楠木一族140人近くが戦死したという。山名氏清の明徳の乱（1391）平定に功のあった大内義弘は紀伊守護となるが、そのとき、義理は弟の草山駿河守とともに奮戦、敗れて由良に逃れ、義弘は平井豊後守を城代とした。応永6（1399）年大内氏が堺に挙兵したとき、畠山氏が大野城を陥れた。畠山氏が紀伊守護となって、守護代遊佐豊後入道、同民部を入城させ、やがて高城が築かれると、大野城には畠山満則が入城した。天正元（1573）年には鈴木氏の持ち城で、同13（1585）年秀吉の軍に攻められ、落城した。

亀山城 （かめやま）　**所在** 御坊市湯川町丸山　**遺構** 土塁

　奥熊野古道の湯の川に住していた湯川氏は、南北朝期に軍功によって有田、日高地方を領有、永享11（1439）年頃本城として亀山城を築いた。以後、代々居城、11代直光は守護畠山高政に従って河内飯盛城に三好長慶を攻め、直光は戦死した。

　12代光春は天正13（1585）年秀吉の紀州征伐に、自ら城を焼いて伯父湯川教春の泊城に逃れた。泊城にも秀吉軍は来攻、光春は龍神城に走り、ここで激しく抵抗した。やがて和議となり、翌14（1586）年、光春の一族は大和郡山城に秀吉の弟秀長を尋ねた。しかし、秀長は直春を毒殺。ここに湯川氏は滅んだ。城は本丸、二の丸をはじめ、大小28郭によって構成されている。なお山麓に構えられた平時の居館湯川氏館（小松原館）は、東西200m南北250mの規模がある。昭和50年代（1975～84）の発掘調査では

I　歴史の文化編　　25

庭園の池の存在が確認されており、湯川氏の格式の高さを示している。

雑賀城 （さいが）　[所在]和歌山市和歌浦中

　名勝和歌浦の雑賀崎の妙見堂山に、雑賀党の本拠、雑賀城があった。雑賀党とは雑賀庄内の族党の集団で、鈴木孫市の父佐大夫を中心としていた。天正5（1577）年織田信長の石山本願寺攻めに、本願寺顕如は鷺の森に来て雑賀党に味方を依頼した。雑賀党は中州、吹上、雑賀の3城に分かれて備えていたが、顕如から城を明け渡せば領地をやろうという信長の意向が伝えられた。これにより、中州、雑賀の2城は開城、吹上城のみ、受け入れなかった。このため、雑賀党の部将関四郎左衛門が吹上城を攻めさせられ、雑賀党同士の戦が展開された。今はこれまでと、城主土橋平衛門は自害し、吹上城は落ちた。これに足らず信長は雑賀党の殲滅を企て、このために雑賀は二手に分かれ対立するが、本願寺に味方する者も多数であった。

新宮城 （しんぐう）　[別名]丹鶴城、沖見城　[所在]新宮市丹鶴　[遺構]石垣、堀、井戸、天守台　[史跡]国指定史跡

　新宮城は、天正年間（1573～92）に源行家の裔、若しくは新宮七上綱という豪族の一族といわれる堀内安房守氏義が今の全龍寺に築城したのが始まりである。氏義の勢力は熊野一帯に及び、文禄4（1595）年、堀内安房守定として十三ヵ条を家臣に申し渡している。関ヶ原の戦いでは西軍に味方し、新宮城は上野山城主杉若越後守の攻撃をうけた。氏義は逃れたが、後に廃城となった。新宮城の前史である。

　関ヶ原の戦い後、和歌山城主となった浅野幸長の二男忠吉は新宮に封をうけ、新たな城を丹鶴山に築いた。丹鶴山一帯は熊野別当の9代殊勝が別邸を営み、代々の別当が住した所である。平安末期、別当の娘と源為義との間に生まれたのが源行家で、以仁王の令旨をうけ、源頼朝、木曾義仲らを説いて平氏討伐の挙兵をさせた話は有名である。

　築城は元和4（1618）年に着手されたが、翌5年、工事の途中で本家浅野は安芸広島、忠吉は備後三原に移封された。同（1619）年7月、徳川頼宣が55万石の太守として和歌山城に入り、幕府より目付役として付家老水野出雲守重仲が3万5千石で新宮城主となった。

　城は熊野川口に突出した台地にある。頂上には三層五階の天守があがる本丸、その西に鐘の丸、鐘の丸の北に松の丸を配して、それぞれ石垣を廻

らし、西麓に二ノ丸、さらに西北から南にかけて武家屋敷、城下町を構えた。

水野氏は十代相継いで明治に至るが、歴代城主はいずれも才腕ぶりを発揮した。10代忠幹は、慶應4（1868）年1月に3万5千石の大名として認められ、新宮藩となった。

田辺城 （たなべ） 別名 銀水城、湊城 　所在 田辺市 　遺構 石垣、堀、水門

慶長5（1600）年関ヶ原の戦い後、紀州に封をうけ和歌山城主となった浅野幸長の家臣浅野右衛門佐が上野山・州崎両城に替わり湊村に新城を築いたのが田辺城である。

元和5（1619）年浅野氏は芸備に移封され、替わって徳川頼宣が和歌山に入り、田辺城には幕府の付家老安藤帯刀が3万8千石で入城した。安藤氏は18代にわたって田辺城主として続いた。実際に、帯刀は和歌山城で藩政にたずさわったため、安藤小兵衛直隆を城代としたが、城の規模を拡大し、城下町を整備拡張している。これより田辺は城下町として発展していく。18代直裕は、慶應4（1868）年1月に新宮城主水野忠幹とともに紀州藩から独立が認められ、3万8千石で田辺藩主となった。

長藪城 （ながやぶ） 所在 橋本市城山台 　遺構 土塁、堀切、竪堀

牧川義春が文明年間（1469〜87）に十津川付近の野武士を集め、紀州に入り、長藪城を築いたと伝えられる。

牧川氏は守護畠山氏に仕え、長藪城に拠っていたが、義春の子義信は河内の一部をも領した。義信の子義則は永禄元（1558）年松永久秀に攻められ、城は落ちた。子の義次も畠山氏に従い、2年後、三好長慶との戦に三好の部将を捕え、反転して長藪城を奪い返した。

畠山氏滅亡後、信長に従って高野攻めに参加。後に秀吉から所領を半分の5千石を安堵して味方に誘われたが、義次の子義清は応じなかった。やがて秀吉の紀州征伐に落城する。

湯浅城 （ゆあさ） 所在 有田郡湯浅町青木 　遺構 土塁、堀、空堀 　史跡 国指定史跡

藤原氏の出であるこの地の豪族湯浅氏は、湯浅権守宗重のとき、青木山に湯浅城を築いた。湯浅氏は南朝方につき、天授5（1379）年和泉土丸城を陥れた幕府方山名勢は、余勢をかって紀州に進出し同年3月、城は落ち湯

Ⅰ　歴史の文化編　　27

浅氏は離散した。その後、義有王が楠木残党とともに入城した。義有王は紅葉山城にあったが、文安元（1444）年足利義政の兵に敗れたのであった。湯浅城で態勢を立て直し、同3（1446）年足利方が畠山氏家臣の遊佐兵庫助や宇都宮禅綱を従えて来攻したとき、足利方を退去させた。翌年、畠山氏が大軍を率いて寄せ来ると、義有王も打つ手がなく、12月落城、義有王は自害した。

和歌山城（わかやま）

別名 伏虎城、竹垣城　**所在** 和歌山市一番丁　**遺構** 城門、石垣、堀、外観復元天守、庭園・復元廊下橋　**史跡** 国指定史跡

　紀の川河口の平野に隆起する伏虎山を城地とした平山城で、豊臣秀吉の弟秀長が築いた。

　天正13（1585）年、秀吉の紀州征伐に秀吉軍6万の副将として軍功をあげた秀長は和泉、紀伊の2か国を増封された。秀吉はこの地に入って築城に適しているのを見て、自ら縄張を命じ工を起こさせたのである。藤堂高虎、羽田一庵を普請奉行に命じ、年内に本丸・二の丸の普請を終えたという。秀長にはすでに大和郡山城があったから、翌年、重臣桑山重晴が城代として入城。同19（1591）年秀長は没し、子の秀保が跡を継いで桑山重晴をそのまま城代としていたが、慶長元年（1596）重晴は出家し、孫の一晴が和歌山の所領を受け継いだ。

　慶長5（1600）年、関ヶ原の戦いでは、東軍につき新宮城を攻めて本領安堵になるが、桑山一晴は翌年退去し大和新庄城に移された。浅野幸長が37万石をもって和歌山城に入り、内堀・石垣・総堀の改修が行われた。

　元和5（1619）年、幸長の弟長晟が城主のとき、福島正則が除封された後の広島城に移封され、同年8月、徳川家康の十男頼宣が紀伊と伊勢の一部55万5千石を領して入城した。頼宣は将軍秀忠から銀2千貫を受領して城の大拡張を計画、同7（1621）年より着手した。大手は東南岡口門より東北一の橋に改め、城下の拡張も行った。ところが、この工事があまりにも大規模であったため、幕府から嫌疑をうけた。今に残る駿河台と称する高石垣や、堀止の名に残る、市内の南、新堀付近から水軒浜までの新しい外堀は、幕府から謀反の疑いをかけられ、工事は中止された。幕府の疑いも付家老田辺城主安藤帯刀の弁明で事なきを得た。

　また、頼宣は父家康のために東照宮を建立しようと和歌浦の山々を巡検し、現在の敷地を決定、元和6（1620）年に完成した。

弘化3（1846）年7月、折からの雷雨で天守に落雷、天守以下、小天守、櫓4、蔵3、多聞櫓63間を焼失した。当時の幕府の制度として天守再建は許されないのが通例であるが、御三家という家格から許された。嘉永2（1849）年に上棟、同3（1850）年に完成した。再建された天守は廃城後もその雄姿を保っていたが、戦災で焼失。現在の天守は、昭和33（1958）年に再建された復興天守である。

I　歴史の文化編　29

戦国大名

和歌山県の戦国史

　紀伊国は河内を本拠とした畠山氏が守護であったが、畠山氏は管領もつとめたため紀伊は守護代などが統治していた。しかし、明応2年（1493）畠山政長が政権を奪取した細川勝元に敗れて自刃、子尚順（尚慶）が紀伊国に逃れてきたことで、紀伊国は畠山氏が直接支配することになり、戦国時代に突入した。また、この頃から畠山氏被官であった湯川氏の力が強くなり、次第に畠山氏をも凌駕していくようになる。そして、元亀4年（1573）に守護畠山秋高が遊佐信教の謀反で自刃、管領家としての畠山氏は滅亡した。

　那賀郡の根来寺は室町時代中期以降、泉南や紀北の国人層が山内に次々と子院を建立したことで大きく発展、いち早く鉄砲を取り入れたことで、鉄砲集団根来衆として知られるようになった。同じく鉄砲衆として活躍したのが雑賀衆である。雑賀荘（和歌山市）を中心に紀の川流域に広がった雑賀衆は一族をあげて本願寺に帰依し、一向一揆の勢力として活躍した。

　長く続く織田信長と本願寺の対立は紀伊にも及び、湯川氏と雑賀衆は本願寺に与する一方、根来衆は織田信長方となり、天正4年（1576）の戦いでは雑賀衆が信長を狙撃するなどの活躍をみせている。しかし、翌年雑賀衆の一部が信長に内通したのを機に信長が紀伊に攻め込んでくると、その圧倒的な武力の前に降伏、今度は信長の後ろ盾を得て土橋氏を降した。ところが本能寺の変で信長が討たれると雑賀衆を率いた鈴木孫一は失踪し、土橋氏が復権している。乱後、湯川氏や根来衆、雑賀衆は徳川家康と結んで豊臣秀吉と対立した。天正13年（1585）豊臣秀吉が紀伊に出陣、根来寺を焼くと雑賀衆は分裂して自滅、豊臣秀長が逃亡した湯川直春を討って紀伊を支配下に収めた。

　南紀では山本氏と堀内氏が力を持っていたが、秀吉の紀伊入りの際に山本氏は抵抗して滅亡している。

主な戦国大名・国衆

愛洲氏 紀伊国牟婁郡の国衆。清和源氏武田氏という。名字の地は牟婁郡相須（熊野川町相須）か。日高郡南部荘（日高郡みなべ町）の地頭で、文永年間（1264～75）に経信が衣笠城（田辺市）に拠った。室町時代は牟婁郡秋津荘（田辺市）を領し、独自の勢力圏を築いていたとみられる。畠山氏の内乱では義就方に属した。その後、次第に湯川氏に押されて没落したとみられる。

安宅氏 紀伊国の国衆。阿波国の出で橘姓という。鎌倉時代に執権北条氏の命で熊野の海賊を討つために紀伊国牟婁郡安宅荘（西牟婁郡白浜町）に入ったという。戦国時代は守護畠山氏に属し、天正13年（1585）の豊臣秀吉の紀州平定では秀吉に従って所領を安堵された。関ヶ原合戦で西軍について没落。江戸時代は紀伊藩士となった。

小山氏 紀伊国牟婁郡の国衆。下野小山氏の一族という。鎌倉時代に三箇荘（西牟婁郡白浜町）に入り、阿波の海賊取締にあたった。久木（白浜町）を本拠とする久木小山氏と、西向（串本町）を本拠とする西向小山氏の2流があった。南北朝時代南朝についたことで没落、三箇荘の久木氏が小山氏の名跡を継いだとみられる。戦国時代は安宅氏とともに守護畠山氏に属した。天正13年（1585）の豊臣秀吉の紀州平定に従い、のち紀伊藩士となった。

雑賀氏 → 鈴木氏

鈴木氏 紀伊国海部郡の国衆。雑賀荘（和歌山市）を本拠とする雑賀党との中核。一族をあげて本願寺に帰依し、一向一揆の勢力として活躍した。戦国時代の重鎮は雑賀孫市と称して鉄砲の名人として知られ、本願寺光佐の指示のもと、鉄砲隊を率いて織田信長を苦しめた。天正13年（1585）豊臣秀吉の紀伊攻めでは積善寺に拠って抵抗したが落城。その後、豊臣秀長に仕えたのちに秀吉に仕え、小田原攻めには鉄砲隊を指揮して参戦してい

I　歴史の文化編　31

る。関ヶ原合戦では西軍に属し、江戸時代は水戸藩家老となった。

玉置氏　紀伊国日高郡の国衆。本拠地は熊野で、名字の地は同国牟婁郡玉置口（新宮市熊野川町玉置口）か。出自は諸説あり不詳。承久の乱で北条氏方に与して日高郡の地頭となったと伝え、日高郡に一族が広がった。嫡流は手取城（日高郡日高川町）に拠り、庶子家に龍神村の山地玉置氏、和佐村（日高川町）の和佐玉置氏などがある。室町時代に嫡流は室町幕府の奉公衆をつとめ、湯川氏と行動をともにした。戦国時代も湯川氏とともに紀伊国を代表する有力国衆だったが、天正13年（1585）の豊臣秀吉の紀州攻めの際、直和は秀吉に味方しようとして義父の湯川直春に攻められて落城した。

根来衆　紀伊国那賀郡根来寺の鉄砲集団。室町時代中期以降、泉南や紀北の国人層が山内に次々と子院を建立したことで大きく発展し、いち早く鉄砲を取り入れたことで、鉄砲集団として知られた。天正13年（1585）、雑賀一揆とともに豊臣秀吉に抗したことから秀吉によって滅ぼされた。根来衆はその後各地の大名に迎えられている。

堀内氏　紀伊の戦国大名。出自は清和源氏や熊野別当氏など諸説があり不詳。『寛政重修諸家譜』では藤原氏師尹流に収められている。代々熊野に住む土豪で南紀に大きな勢力を持っていた。戦国時代、氏善は織田信長、豊臣秀吉に仕え、紀伊新宮で2万7000石を領したが、関ヶ原合戦では西軍に属して所領を没収された。子氏久は大坂の陣で大坂城落城の際に千姫を守って坂崎直行に渡したことから秀忠に召し出されて旗本となった。

目良氏　紀伊国牟婁郡の国衆。熊野別当氏の一族と伝える。室町時代は熊野神領だった秋津荘の地頭をつとめ、目良弥次郎春湛は中峰城（田辺市秋津川）に拠ったという。その後は守護畠山氏に属し、愛洲氏と抗争を続けた。天正13年（1585）の豊臣秀吉の紀州平定で帰農、杉若無心が田辺領主となると、そのもとで公文をつとめた。

山本氏　紀伊国牟婁郡の国衆。出自は諸説あるが、清和源氏の近江山本

氏の一族で、山本義経が源義仲と袂を分かったのちに、紀伊国牟婁郡入鹿（三重県熊野市小栗須）に土着したとみられる。入鹿は刀鍛冶で知られ、その生産で力を得て本宮に進出した。その後、紀伊国牟婁郡市ノ瀬村（西牟婁郡上富田町）にも進出、熊野中辺路一帯に勢力を持っていたといい、室町時代中期以降は櫟原荘（上富田町）を拠点として幕府の奉公衆をつとめた。一方、竜松山城（上富田町市ノ瀬）に拠って畠山氏に従い、尚順の娘が山本氏に嫁いだともいい、有力一族であったことがうかがえる。天正13年（1585）の豊臣秀吉の紀州入りの際に抵抗し、所領を没収された。

湯川氏 （ゆかわ）

紀伊国日高郡の国衆。「湯河」と書かれることも多い。清和源氏で甲斐武田氏の庶流といい、鎌倉時代に東国から熊野に入国した。道湯川（どうゆかわ）（田辺市）を拠点として勢力を持ち、熊野八庄司の一つにも数えられた。光春は亀山城（御坊市）に拠って日高・在田郡にも勢力を広げた。小松原（御坊市湯川町）を本拠として「新庄司」と称した惣領家の他、芳養（田辺市）を領した式部大輔家、京に住んだ安房守家などの庶子家があった。惣領家は紀伊守護畠山氏の被官となり、永正年間には畠山尚順を淡路に追放するなど、戦国期には畠山氏を凌駕する勢力を築いていた。永禄2年（1559）直光は畠山高政のもとで河内守護代となるが、高政が三好長慶と対立。直光は同5年の教興寺合戦で討死した。天正12年（1584）直春は小牧・長久手の戦に乗じて根来衆、雑賀衆とともに挙兵し、翌13年に豊臣秀吉が紀伊に侵攻してくると縁戚関係の玉置氏らが離反したため、本拠を捨てて山中に逃げて抵抗。同14年直春が大和郡山で豊臣秀長によって謀殺された。

龍神氏 （りゅうじん）

紀伊国日高郡の国衆。清和源氏頼政流で、頼氏が日高郡奥山郷殿垣内龍神谷（田辺市龍神村）に住んで龍神氏を称したと伝える。室町時代後期から鳶之巣城（みなべ町）に拠って、南部川上流地域を支配した。頼春のときに紀伊に入国した浅野氏に従い、江戸時代は広島藩士となった家と、一旦帰農したのちに紀伊藩の郷士に取り立てられた家がある。

◎中世の名族

湯川氏(ゆかわ)

紀伊国日高郡の国衆。「湯河」と書かれることが多い。清和源氏で甲斐武田氏の庶流という。鎌倉時代に東国から熊野に入国した一族で、道湯川(どうゆかわ)（田辺市）を拠点として勢力を持ち、熊野八庄司の一つにも数えられた。光春は亀山城（御坊市）に拠って、日高・在田郡にも勢力を広げた。1336（建武3・延元元）年に足利尊氏が比叡山の後醍醐天皇を攻めた際には高師重に属した。その後いったん南朝に転じたが、60（正平15・延文5）年の足利尊氏が紀伊を攻めた際に、尊氏に呼応して北朝に戻って勝利を収め、室町時代には幕府の奉公衆となった。

以後、小松原（御坊市湯川町）を本拠として「新庄司」と称した惣領家の他、芳養（田辺市）を領した式部大輔家、京に住んだ安房守家などの庶子家があった。惣領家は小松原に居館を構え、後背の亀山に亀山城を築いて拠った。その後紀伊守護畠山氏の被官となるが、明応年間の畠山氏の内訌(ないこう)後に紀伊守護となった畠山尚順と対立、永正年間には尚順を淡路に追放するなど、戦国期には畠山氏を凌駕する勢力を築いていた。

1584（天正12）年直春は小牧・長久手の戦いに乗じて根来衆、雑賀衆と共に挙兵、翌年に豊臣秀吉が紀伊に侵攻してくると縁戚関係の玉置氏らが離反したため、本拠を捨てて山中に逃げて抵抗。86（同14）年直春が大和郡山で豊臣秀長によって謀殺された。子丹波守は秀長に3000石で仕えた。1600（慶長5）年関ヶ原合戦で西軍に属して牢人、後浅野幸長に仕えた。

◎近世以降の名家

安藤家(あんどう)

紀伊藩付家老・紀伊田辺藩主。家重は三河国で松平広忠に仕え、

子基能は徳川家康に仕えて三方原合戦で戦死。その子直次は徳川頼宣に仕え、1619（元和5）年に頼宣が紀伊藩主となった際に付家老として田辺で3万8000石を領した。代々の当主は江戸か和歌山城におり、田辺には一族を城代として置いた。明治維新の際に直裕が田辺藩を立藩した。1884（明治17）年直行は男爵となる。

妹背家
那賀郡の豪農。鎌倉時代に名手庄と丹生屋（紀の川市）を領し、丹生屋城に拠った。室町時代末に管領畠山氏に属し、江戸時代は那賀郡名手庄市場村（紀の川市名手市場）に住んで郷士となる。また、農業の傍ら塩を取り扱ったので塩屋と号した。1603（慶長8）年正親町上皇が高野参詣の途中妹背家を宿所としたことから、22（元和8）年紀伊藩によって大和街道名手宿の本陣とされた。39（寛永16）年には当主孫左衛門が名手組19カ村の大庄屋に任じられている。

上山家
有田郡山田原村（有田市）の豪農・大日本除虫菊創業家。代々勘太郎を称したことから「山勘」と呼ばれ、日本を代表するミカン栽培の豪農であった。維新後、上山家の七男英一郎は慶応義塾に学び、1885（明治18）年ミカンの輸出を目的とした上山商店を設立。その後、除虫菊から渦巻型の蚊取線香を開発、1910（同43）年には「金鳥」の商標を登録して財閥に発展させた。また、英一郎の弟市郎兵衛の子薫は内外除虫菊を創設している。

紀家
日前・国懸神宮神官。神武天皇の時代に天道根命が紀国造となったのが祖という。紀伊国名草郡を本拠に瀬戸内海を支配していた。代々日前・国懸神宮の神官を世襲した。姓は直。天元年間（978～983）泰世の跡を女婿で公家紀氏の紀文煥の子行義が継ぎ、以後朝臣姓となる。戦国時代は武家としても活躍したが、豊臣秀吉によって神領を没収され、以後は神官に専念した。江戸時代に飛鳥井三冬が継ぎ、以後は藤原姓となっている。1884（明治17）年俊尚の時男爵となる。

栖原家
有田郡栖原の豪商。清和源氏で源義家の末裔という。摂津国河辺郡北村郷（兵庫県伊丹市）に住んで北村氏を称していたが、1536（天文5）

年に信茂が紀伊国高野山に逃れ、後有田郡吉川村（湯浅町吉川）で帰農した。孫の茂俊の時に角兵衛が紀伊国有田郡栖原村（湯浅町栖原）に移って栖原氏を称し、沿岸漁業を開拓した。以来代々角兵衛を襲名し、紀伊を代表する豪商となった。

以後、紀伊藩を後ろ盾にして関東に進出。さらに5代目は松前城下を拠点として蝦夷地で場所経営にも当たり、7代目の天保期には松前を代表する豪商にまで発展した。

徳川家

紀伊藩主。御三家の一つ。徳川家康の十男頼宣が祖。1603（慶長8）年頼宣が常陸水戸20万石を与えられて水戸藩を立藩、翌年25万石に加増。09（同14）年には駿河・遠江・東三河で50万石に加転、家康死後の19（元和5）年に紀伊55万5000石に入封した。5代藩主頼方は将軍家を継いで8代将軍吉宗となった他、13代藩主慶福も14代将軍家茂となっている。西条藩主松平頼学の七男から継いだ茂承は、1884（明治17）年侯爵となった。

16代当主頼貞は音楽研究に打ち込み、1937（昭和12）年東京・飯倉に日本初のパイプオルガン付きの本格的コンサートホール南葵楽堂を設立している。戦後は参院議員もつとめた。

野村家

日高郡御坊（御坊市）で堀河屋と号した豪商。熊野水軍の末裔と伝える。1688（元禄元）年堀川屋儀太夫の四男が、初代太兵衛として廻船問屋を創業、御坊で紀伊藩御用の廻船問屋を営んでいた。しかし、2代目太兵衛が1756（宝暦6）年2月に江戸からの帰路で鳥羽沖で遭難し、蝦夷エトロフ島に漂着。同年12月に帰国できたものの廻船問屋を廃業して味噌・醤油醸造業に転じた。現在は17代目太兵衛で、三ツ星醤油、徑山寺味噌の醸造元として知られる。

浜口家

有田郡広村（広川町）の豪商。儀兵衛が下総国銚子（千葉県銚子市）に移って1645（正保2）年に醤油の醸造を始めた。以後、広村に本拠を置きながら代々銚子で醤油醸造を行い、江戸時代中期には江戸を代表する醤油となっていた。

紀伊広村では代々庄屋をつとめ、幕末の7代目儀兵衛（梧陵）は1854（安政元）年の大津波から村を救った話が「稲むらの火」として有名で、紀伊藩

の勘定奉行もつとめた。8代目儀兵衛は和歌山県初代県議会議長でもある。10代目儀兵衛（梧洞）の時に醤油醸造の近代化を図り、ヤマサ醤油を株式会社化した他、貴族院議員もつとめた。

三浦家
紀伊藩家老。桓武平氏三浦氏の一族で、時綱が安房の正木義時の養子となって正木氏を称し、戦国時代は上総勝浦城主となって里見氏に属していた。1598（慶長3）年三浦為春が徳川家康に仕えて三浦氏に復し、妹の万（養珠院）は家康の側室となって紀伊藩主頼宣を産んだことから、後紀伊藩家老となり、以後代々家老をつとめた。1900（明治33）年権五郎の時に男爵となる。

水野家
新宮藩主・紀伊藩家老。水野信元の弟忠分の三男重央（重仲）は徳川家康に仕えて浜松で2万5000石を領していたが、1619（元和5）年紀伊藩の付家老に任じられ、新宮で3万5000石を領した。1868（明治元）年独立して新宮藩を立藩。84（同17）年忠幹の時に男爵となる。先代当主の誠は日本金属工業常務をつとめた。

安田家
和歌山城下（和歌山市）の豪商。塩屋から和歌山城下に移り住み、「雑賀屋」と号して廻船業を中心に、砂糖、干鰯、塩、米などの問屋、さらに新田経営など多角経営を行っていた。代々長兵衛を称した。廻船業は出羽酒田に及んだ他、1739（元文4）年に4代目長兵衛が国内で初めてサトウキビを植え、翌年には砂糖生産に成功。以後、その製法を諸国に伝えて流通を独占していたという。また、有田郡小豆島で新田を開発、その功によって城下西側を拝領、雑賀屋町という地名になっている。

脇村家
田辺の山林王。江戸時代は切目屋と号した田辺の薬種商で、名字帯刀を許された際に脇村を名乗っている。7代目の脇村市太郎が山林に投資を始めて資産家となり、山林王として知られるようになった。8代目の義太郎は経済学者で、戦後、東大経済学部長をつとめる一方、政府のブレーンとして、経済安定本部や外務省、政府委員会の委員などを歴任した。特に海運業界の再編成は脇村の功績として知られている。

I　歴史の文化編　37

博物館

アドベンチャーワールド
〈ジャイアントパンダの屋内外運動場〉

地域の特色

　和歌山県は、紀伊半島の南西部に位置する。自治体は9市20町1村で、人口は約91万人（2021（令和3）年9月1日現在）である。県域の大部分は紀伊山地を中心とする山岳地帯で、護摩壇山など1,000メートル級の山々が連なる。山林の多さから、古い呼び名である「紀の国」は「木の国」からきているともいわれている。紀伊山地は古くから神仏の霊場として知られ、熊野三山、高野山、吉野・大峯の霊場とそれらに至る参詣道は、「紀伊山地の霊場と参詣道」として世界遺産に登録されている。海岸は総延長600キロメートルを超えるリアス式海岸で、北部は四国に面した紀伊水道、南部は熊野灘に面している。最南端の潮岬は本州の最南端でもある。県南部は熱帯を源とする黒潮の影響で温帯域でありながらサンゴなど熱帯系の生物が見られ、温帯系の生物と併せ多様な生物が見られる。県域には古代から人が住み、古墳時代には有力な豪族により古墳が多数つくられた。中世には根来寺、高野山などの寺社や貴族などの勢力が強まり、その後江戸時代には御三家の一つ紀州徳川家の下で栄えた。温暖な気候を生かしたみかん、柿、梅などの栽培が盛んである。博物館は、各地の歴史民俗資料を収集・公開する博物館や資料館の他、温暖な気候、多様な海洋生物が見られることから、水族館をはじめ地元の生きた生物を展示する施設が多い。

主な博物館

和歌山県立自然博物館　海南市船尾

　県内の豊かな自然を体験し、楽しく学ぶ施設として1982（昭和57）年に開館した自然史系博物館。16万点以上の資料を所蔵する。和歌山の自然を紹介する常設展は、水族館展示の第1展示室と標本中心の第2展示室に分かれている。第1展示室では生きた海や川の生き物を約500種5千匹展示

し、幅15メートルの「黒潮の海」や小さな水槽が並んだ「いろいろな生物」など惹きつけられる展示が並んでいる。第2展示室は地質、化石、植物、昆虫、貝類などの標本がずらりと並び、標本、パネル、ジオラマなどでその状況を紹介している。どちらも和歌山にこだわり、ほとんど全ての展示物が和歌山に生息・生育しているものである。特別展や企画展を開催するほか、多様な野外観察会を県内各地で開催し、館内でも講演会や同定会、体験教室などを開催している。

和歌山県立博物館　和歌山市吹上

　県内の豊富な文化財を後世に伝えるため、さまざまな事業を展開している歴史系博物館。1963（昭和38）年に和歌山城内に開館した県立美術館を前身として71（昭和46）年に設立され、94（平成6）年に和歌山城の南側に新築移転した。現在の建物は建築家の黒川紀章による設計で、隣接する和歌山県立近代美術館とは地下でつながっている。高野・熊野信仰に関する資料や紀伊徳川家ゆかりの品など、和歌山県ゆかりの資料を収集・保存している。常設展は「きのくに―和歌山県の人々の生活と文化―」と題し、県内の古代から現代に至るまでの歴史を各地の物品、絵図、写真や模型などを用いて分かりやすく紹介。また、県内の文化財や歴史をテーマにした年2回の特別展、5〜6回の企画展を開催している。学習プログラム、職場体験学習、出前授業など学校と連携した教育活動にも取り組んでいる。友の会もある。

和歌山県立紀伊風土記の丘　和歌山市岩橋

　全国でも最大クラスの古墳群であり国の特別史跡である岩橋千塚古墳群の保全と公開を目的として1971（昭和46）年に開館した、考古や民俗を扱う博物館。65ヘクタールの園内が博物館となっており、大小およそ500基の古墳が点在しているほか、国や県指定文化財となっている移築民家と、復元竪穴住居、万葉植物園などがある。弥生時代の高床倉庫をモデルにした紀伊風土記の丘資料館（松下記念資料館）は、松下幸之助の寄付、浦辺鎮太郎の設計で建てられ、常設展では園内の古墳からの出土品をはじめ、県内各地から収集した考古資料や民俗資料を展示し、特別展や企画展なども開催している。教育活動として、企画展内容や学芸員による講座、ボラ

I　歴史の文化編　　39

ンティアによる古墳ガイド、植物や昆虫の観察会、埴輪づくりなどの体験学習、県内外の博物館が集まって各施設のワークショップができる風土記まつりなど、さまざまな催しが行われている。小中学校向けに園内での体験学習や職員の派遣も行っている。

和歌山市立博物館　和歌山市湊本町

　和歌山城築城400年にあたる1985（昭和60）年に開館した歴史系博物館。和歌山の歴史文化に関する資料を収集している。常設展では原始から戦後復興期までの和歌山の歩みを6部門に分けて分かりやすく展示。和歌山市の歴史に関する特別展、企画展も開催している。古文書講座や史跡散歩、子ども向けの出前講座、申し込みに応じて市内に出向く「おでかけ歴史講座」など多くの講座やイベントも開催している。

太地町立くじらの博物館　東牟婁郡太地町太地

　日本における捕鯨発祥の地といわれる太地町で、捕鯨に関する資料と鯨類の展示を行う鯨専門の博物館。1969（昭和44）年に開館した県内で初めての登録博物館でもある。博物館本館の他、自然の入江を仕切った自然プールとその周辺にある複数の施設から構成されている。博物館本館には太地町古式捕鯨のジオラマ、人と鯨の関係史に関する資料、骨格や液浸標本など鯨類を生物学的に解説する展示などがあり、吹き抜けにはセミクジラやシャチなどの全身骨格標本が吊り下げ展示されている。海洋水族館マリナリュウムではイルカをメインに太地周辺の水生生物を展示している。自然プールにはクジラショーエリアやふれあい桟橋、ふれあいの浜があり、生きた鯨類と親しめるさまざまなイベントが開催されている。学校用プログラムにも力を入れ、学芸員らによるレクチャーやガイドも行われている。

アドベンチャーワールド　西牟婁郡白浜町堅田

　1978（昭和53）年に開園した、動物園、水族館、遊園地の要素をもつテーマパーク。約140種1,400頭の動物を飼育している。広大な敷地の中に、陸上生物を間近に観察できるサファリワールド、イルカなどのパフォーマンスや海獣館のあるマリンワールド、ふれあい広場などがあり、園内ではさまざまなアトラクションが体験できる。ジャイアントパンダの繁殖研究に

力を入れており、中国成都ジャイアントパンダ繁育研究基地の日本支部として、日中共同の繁殖研究を行っている。

京都大学白浜水族館　西牟婁郡白浜町

京都大学フィールド科学教育研究センター瀬戸臨海実験所の付属施設で、1930（昭和5）年に一般公開を開始した歴史ある水族館。白浜周辺に棲んでいる生き物にこだわり、常時500種の水族を展示している。特に見応えがあるのがサンゴ、エビ、ヒトデなど無脊椎動物の展示で、日本有数の規模を誇る。研究者や飼育係による解説ツアーを開催するほか、飼育体験、館裏の磯採集体験などのイベントも開催している。

南方熊楠記念館　西牟婁郡白浜町

和歌山県出身で博物学、民俗学などさまざまな分野の研究者として国内外で活躍した南方熊楠の遺品を保存公開する博物館。白浜レジャー観光の発祥地でもある番所山公園に1965（昭和40）年に開館した。展示室では南方熊楠の幼少期から生物学者、民俗学者としての活躍、晩年までの様子を約800点の展示品で紹介している。白浜町の隣の田辺市には遺された蔵書・資料を保存するとともに公開する南方熊楠顕彰館もある。

トルコ記念館　東牟婁郡串本町樫野

1890（明治23）年に大島樫野崎の沖合で、トルコ軍艦エルトゥールル号が遭難沈没した。この事故では587名が遭難したが、地元住民の救難活動があり69名の生命が救われた。これを機にトルコと串本町の友好関係が築かれ、友好の印として1974（昭和49）年にトルコ軍艦遭難慰霊碑の近くに記念館が建設された。館内には遺品や写真、模型などが展示され、遭難事故当時の様子を知ることができる。

稲むらの火の館　有田郡広川町広

1854（安政元）年に起きた安政の大地震による大津波の際、濱口梧陵は暗闇の中で村人を誘導するために稲むら（稲束や稲藁を積み重ねたもの）に火を放って誘導し、その後も堤防づくりなどに尽力した。2007（平成19）年に開館した同館は改修した生家である濱口梧陵記念館と、3Dシア

Ⅰ　歴史の文化編　　41

ターなどがある津波防災教育センターからなり、濱口梧陵の功績や人柄、稲むらの火や津波防災について学ぶことができる。

和歌山市立こども科学館　和歌山市寄合町

国際児童年と和歌山市制90周年を記念して1981（昭和56）年に開館した。体験を通して理解できる100以上の展示物、和歌山市の自然の展示やプラネタリウムなどがある。教育活動は科学教室や実験、天体観察会や自然観察会、木工教室や電気工作など、当日参加できるものから館外で野外活動を行うものまでバラエティに富んだ内容で実施している。

岩出市民俗資料館　岩出市根来

岩出の歴史、民俗、文化の発信拠点として1989（平成元）年に開館した博物館。常設展示は「岩出市の風土と暮らしの移り変わり」をテーマに、紀の川とふるさとの自然、岩出の歴史、根来寺、紀の川の水運、などを紹介する。伝統工芸の根来塗漆器の展示や講座も行っている。企画展や歴史講座なども開催している。

新宮市立佐藤春夫記念館　新宮市新宮

詩歌、小説など多彩な著作で知られる新宮市出身の作家佐藤春夫の東京の邸宅を熊野速玉大社境内に移築し、1989（平成元）年に開館した記念館。門や塀、庭の辺りも元の姿を模してつくられている。館内は玄関や応接間、書斎などがあるほか、詩集や絵画作品、写真などの展示がある。筆供養や企画展などの行事も開催されている。

世界遺産熊野本宮館・和歌山県世界遺産センター　田辺市本宮町本宮

世界遺産「紀伊山地の霊場と参詣道」を含む和歌山県・奈良県・三重県の3県を結ぶ本宮地区に立地し、観光・地域情報の発信拠点となっている施設。熊野本宮に関する展示やイベントなどを行うほか、施設内には世界遺産の保存・活用の拠点である和歌山県世界遺産センターの事務局があり、世界遺産に関する展示の他、世界遺産セミナー、保全活動の「道普請ウォーク」や参詣道の案内などを行っている。

名字

〈難読名字クイズ〉
①明楽／②預／③能木／④遠北／⑤旦来／⑥狼谷／⑦講初／⑧七良浴／⑨小鳥遊／⑩岫下／⑪潰滝／⑫殿最／⑬姥妙／⑭麻殖生／⑮輪宝

◆地域の特徴

　和歌山県の名字も山本と田中が圧倒的に多い典型的な西日本型。3位以下は大きく離れているが、3位中村、4位松本と続くのは近畿地方の標準的なものだ。実は、県南部の名字構成は近畿地方の標準とはかなり違っているのだが、南部に比べて北部の人口が圧倒的に多いため、県全体でみるとどうしても近畿地方の標準である北部の構成と似たようなものになってしまう。

　9位には宮本が入る。「宮」とは神社のことで、人が住むところには必ず神社があったことから、宮の付く名字は各地に多い。宮本とは「神社の下」という意味。神社は小高いところに鎮座していることが多く、地理的には「神社の下」に住んでいたという意味と、「神社を下から支える」という意味合いのものもあったとみられる。宮本は全国に広がっているが、ベスト10に入っているのは和歌山県のみである。

　14位には鈴木が入っている。鈴木は東日本に多い名字だが、紀伊半島に

名字ランキング（上位40位）

1	山本	11	木村	21	和田	31	西
2	田中	12	山田	22	森	32	尾崎
3	中村	13	吉田	23	山下	33	田村
4	松本	14	鈴木	24	上田	34	南
5	前田	15	井上	25	森本	35	辻
6	林	16	橋本	26	榎本	36	池田
7	岡本	17	山崎	27	木下	37	中谷
8	谷口	18	久保	28	山口	38	中井
9	宮本	19	中西	29	小林	39	西川
10	坂本	20	玉置	30	小川	40	坂口

Ⅰ　歴史の文化編　43

ルーツがあり、海南市の藤白には鈴木総本家もあることから、西日本でも和歌山県では比較的上位に入っている。

20位の玉置は新宮市の地名がルーツで、現在でも圧倒的に県内に集中しているという和歌山県を代表する名字の一つ。県内では99%以上が「たまき」と読み、隣の奈良県でも91%が「たまき」。この他、近畿地方から三重県にかけてでは「たまき」と読むことが多いが、それ以外の地域では「たまき」と「たまおき」に読み方が分かれている。

26位に榎本が入っているのも特徴だが、榎本は紀伊半島一帯に広がる名字で和歌山県独特ともいいがたい。37位中谷や38位中井も他県にも多い。

40位以内には独特の名字は少ないが、それ以下になると、52位湯川、54位中尾、57位楠本、62位岩橋、88位阪本、90位上野山と和歌山県らしい名字が続々と登場する。湯川は和歌山県と神奈川県に多く、県内では広く分布している。楠本は和歌山県と長崎県に多く、県内では田辺市に集中している。岩橋は紀伊国名草郡岩橋荘(和歌山市)をルーツとする和歌山独特の名字で、和歌山市、海南市、紀美野町の3市町に集中している。

76位には「あずま」と読む東が入っている。別に珍しい名字ではないが、76位という順位は全国で最も高い。

さらに、101位以下では、貴志、高垣、宮井、梅本、南方、雑賀(さいが)、有本、垣内、津村、寒川(そうがわ)、保田、古久保などが多いのが和歌山県の特徴である。

このうち、雑賀のルーツは和歌山市内の地名で鈴木氏の一族。戦国時代には鉄砲集団として活躍した。有名な雑賀孫一(孫市)も本名は鈴木孫一であるといい、子孫は紀伊藩家老の鈴木家となっている。貴志も古く、紀伊国那賀郡貴志荘(紀の川市貴志川町)をルーツとする、貴志荘の荘官の末裔。藤原北家魚名流の一族である。

和歌山県は近畿地方のなかでは最も独特の名字が多い県で、上野山、貴志、南方は全国の半数以上が現在の和歌山県にある。南方は県内でも和歌山市と海南市に集中しており、博物学者南方熊楠は和歌山城下の生まれ。県内の貴志も8割近くが和歌山市に集中している。

● 地域による違い

和歌山県の名字は県内の地域差がはっきりしている。これは、近畿地方のなかでは唯一ベッドタウン化が少ないためで、本来の名字分布が残っているからだ。

和歌山市を中心とする紀北地区では、山本、田中に続いて中村、松本が多いなど典型的な近畿型。ただし、有田市だけはなぜか周辺と名字の構成がまるっきり違う。最多が上野山で2位が江川。6位に嶋田、10位に宮井が入るほか、御前、尾崎が多いなど、全く独自の分布になっている。

　その他では、九度山町で海堀（かいほり）、旧金屋町で高垣が最多となっているほか、湯浅町の栃野（とちの）、旧野上町（紀美野町）の桑添、旧金屋町（有田川町）の楠部、旧下津町（海南市）の硯（すずり）などが特徴。旧美里町（紀美野町）では最多の中谷に続いて、2位東、3位南、4位西というユニークな順番となっていた。

　日高地区も山本・田中は多いが、それと並んで玉置が多い。玉置は和歌山を代表する名字だが、とくに日高地方に集中している。その他はかなりばらばらで、由良町で岩崎、美浜町で田端、南部川村で大野、龍神村で古久保が最多。それ以外では、日高町の楠山、日高川町の寒川・友渕（そうがわ）・朝間、みなべ町の泰地（たいじ）などが特徴。

　紀南地区では圧倒的に山本が多く、次いで田中が多いが、東・西といった方位由来の名字や榎本が多いなど、奈良県南部や三重県南部と共通しているものも多い。独特の名字には田辺市の愛須、白浜町の場谷・平阪・井澗（たに）、上富田町の三栖、串本町の潮崎、那智勝浦町の畑下、本宮町の古根川などがある。

　このなかでは鯨の町として知られる太地町の名字がきわめて独特。最多が漁野で、2位には鯨を追う「せこ」に由来する背古が入っているほか、町内には筋師、汐見といった名字があるなど、いかにも漁業の町らしい名字がみられる。

● 古代豪族・紀国造氏

　古代豪族を代表する氏族の一つである紀氏には、実は2つの流れがあった。

　有名なのは、古代から平安時代まで朝廷で公家として活躍した紀氏である。『土佐日記』の著者紀貫之がこの家の出である。

　この紀氏の祖は、5代の天皇に200年以上も仕えたという古代のスーパースター武内宿禰である。武内宿禰の父は第12代景行天皇だが、母が紀氏の出であったことから、子どものうちの一人が紀を姓にしたと伝える。ということは、それ以前にすでに別に古代豪族の紀氏があったことになる。

　古代の和歌山県は木々が生い茂り、木国（きのくに）と呼ばれていた。この木国が和

銅6 (713) 年の好字二文字化令によって紀伊国に改められたのだが、この木国の国造を神武天皇の時代から務めていたというのが古代豪族の紀氏である。国造を務めていたことから、紀伊国造氏と呼ばれる。紀伊国造氏は、名草郡を本拠として、和歌山市にある日前・国懸神宮の神官を務めていた。

公家の紀氏は平安時代末期には公家としての地位を失ったが、日前・国懸神宮神官の紀氏は途絶えることもなく代々続き、明治時代には男爵を授けられた。一族からは和歌山市長も出るなど、同市きっての名家の一つである。

● 名づけ帳

現在では、江戸時代の庶民が名字を持っていたことは常識となっているが、さらに古く室町時代にすでに農民も名字を使用していたことがわかる資料がある。それが、紀の川市粉河にある王子神社に伝わる名づけ帳（国指定有形民俗文化財）である。

粉河は粉河寺の門前町として栄えた町であった。平安末期から戦国時代にかけて隆盛を極め、天正13 (1585) 年に兵火にあって寺とともに衰退したが、江戸時代になって復興し、以後は紀伊北部の物資の集散地として繁栄した。

ここでは、男の子が生まれると、翌年の正月11日に王子神社に宮参りをする。神社では、宝蔵庫の中にしまってある箱から「名づけ帳」を取り出して、子どもの名前を記していく。この名づけの記帳が始まったのは室町時代の文明10 (1478) 年で、以来一度も途切れることなく現在まで続き、その長さは70メートルを超える。名づけ帳は長らく門外不出だったが、戦後公開されて貴重な資料として注目を集め、昭和31年には国によって重要民俗資料に指定された。

この名づけ帳によって、室町時代以降の男の子の命名の変遷がわかるのだが、それだけではない。名づけ帳には、新しく生まれた子どもの名前とともに、親の名前や名字も書かれている。ここに記入しているのは粉河に住む庶民たちで、決して一部の特権階級ではない。

そして、名づけ帳に記された名字は、現在でも粉河付近でみられるものが多い。ということは、粉河の人たちの名字は室町時代まで遡ることができると考えられる。粉河が特殊な地域であったとは考えづらく、当時、すでにかなり広い地域で庶民でも名字が使用されていたと考えた方がいいだ

ろう。

◆和歌山県ならではの名字

◎垣内

　和歌山県を中心に紀伊半島一帯には、垣内系の名字が広がっている。「かきうち」と読むことが多いが、これらは垣内集落に由来する名字である。

　この地方では、新しく開墾した土地の周りを竹垣で囲んで他と区別したことから、垣内または垣内集落といい「かいと」と呼んだ。この垣内集落に住んでいた人が名乗ったのが垣内である。垣内は垣外や墻内に漢字が変化したり、上に別の言葉を付けたりして多くのバリエーションを生んでいる。県内には、寺の垣内である寺垣内や、岡田さんの開発した垣内である岡田垣内といった名字がある。

◎湯川

　県内に広く分布する名字で、とくに白浜町とみなべ町に多い。清和源氏武田氏の庶流で、武田三郎忠長が罪を得て熊野に流され、以後土着したという。のち牟婁郡を与えられ、孫の光春は日高・有田郡で勢力を広げ、亀山城（御坊市）に拠った。室町時代は幕府の奉行衆を務めた。

◆和歌山県にルーツのある名字

◎神前

　和歌山県北部に集中する神前は「こうざき」と読み、紀伊国名草郡神前郷（和歌山市）がルーツ。戦国時代は織田信長に属した。のち、勝久は浅野氏の紀伊入国に際して代官となり、徳川頼宣の紀伊入封後も代官を務めた。現在も和歌山市に多い。

◎雑賀

　紀伊国海部郡雑賀荘（和歌山市）がルーツで、現在も和歌山市に集中している。戦国時代には雑賀党を組織した。地名は「さいか」のため本来は「さいか」だが、「賀」の漢字の影響で名字では「さいが」の方が多い。

◎周参見

　紀伊国牟婁郡周参見荘（西牟婁郡すさみ町周参見）がルーツで、中世、周参見の土豪に周参見氏があった。氏長の時豊臣秀吉に仕え、関ヶ原合戦で西軍に属し没落した。江戸時代は、広島藩士や三次藩士に周参見家があった。現在は有田川町にある。

Ⅰ　歴史の文化編　　47

◎寒川
（そうがわ）

紀伊国日高郡寒川荘（日高郡日高川町）がルーツで、藤原北家秀郷流結城氏の庶流。戦国時代、国人の寒川氏がいたが、関ヶ原合戦で西軍に与したため所領を失い、江戸時代は神職となった。現在でも和歌山県に多く、日高川町の旧美山村と田辺市の旧龍神村に集中している。なお、香川県では「さんがわ」、徳島県では「かんがわ」、その他の地域では「さむかわ」と読み、「そうがわ」は「さんがわ」に次いで多い。

◎竜神
（りゅうじん）

紀伊国日高郡には国衆の竜神氏があった。清和源氏頼政流で、頼氏が日高郡奥山郷殿垣内龍神谷（田辺市龍神村）に住んで、龍神氏を称したのが祖である。のち浅野氏に従い、江戸時代は広島藩士となった。

◆珍しい名字

◎旦来
（あっそ）

和歌山市にある旦来という名字の由来もユニークだ。これで「あっそ」と読み、ルーツは海南市の地名。神功皇后が「あした（旦）来る」といったことに由来するといい、同地には旦来八幡宮もある。また、これから漢字が変化した旦来という名字もある。

◎小鳥遊
（たかなし）

日本を代表する珍しい名字の一つ。那智勝浦町にある名字で「たかなし」と読む超難読名字。これは、鷹がいなければ小鳥が遊んでも大丈夫ということからきている、判じ物のような名字である。もともとは普通の高梨だったが、漢字を変えたものである。

〈難読名字クイズ解答〉
①あきら／②あずかり／③あたき／④あちきた／⑤あっそ／⑥かみたに／⑦こうい／⑧しちりょうさこ／⑨たかなし／⑩たわした／⑪つえたき／⑫とのも／⑬ばみょう／⑭まいお／⑮りんぼう

II

食の文化編

米 / 雑穀

地域の歴史的特徴

紀元前100年頃には稲作文化が定着していたとみられ、和歌山平野の太田・黒田遺跡（和歌山市）、北田井遺跡（同）、岡村遺跡（海南市）などで大規模な農耕集落が見つかっている。

1871（明治4）年11月22日に、和歌山、田辺、新宮の紀州3県が統合し、現在の和歌山県が誕生した。旧城下のあたりをかつては岡山とよび、オカがなまってワカとなり、和歌山という字を当てた。この際、北山村が全国でも珍しい飛び地の村になった。和歌山県は11月22日を同県の「ふるさと誕生日」として条例で定めている。

コメの概況

和歌山県における総土地面積に占める耕地の比率は7.0％で、全国で10番目に低い。その耕地面積に占める水田率は29.2％で、全国で5番目に低い。このため、品目別にみた農業産出額の順位はミカン、ウメ、カキに次いでコメは4位である。コメの産出額はミカンの27.4％にすぎない。品目別農業産出額でコメが1位でない府県は近畿地方では和歌山県だけである。

水稲の作付面積、収穫量の全国順位はともに42位である。収穫量の比較的多い市町村は、①和歌山市、②紀の川市、③橋本市、④岩出市、⑤御坊市、⑥日高町、⑦田辺市、⑧白浜町、⑨海南市、⑩日高川町の順である。県内におけるシェアは、和歌山市25.1％、紀の川市13.6％、橋本市6.0％、岩出市5.7％などで、県都の和歌山市と紀の川市の2市で4割近くを占めている。

和歌山県における水稲の作付比率は、うるち米98.7％、もち米1.3％である。醸造用米については区分して面積が把握できないためうるち米に包含している。作付面積の全国シェアをみると、うるち米は0.5％で全国順位が42位、もち米は0.2％で山梨県、大阪府と並んで41位である。

知っておきたいコメの品種

うるち米

（必須銘柄）イクヒカリ、キヌヒカリ、きぬむすめ、コシヒカリ、日本晴、ハナエチゼン、ヒノヒカリ、ミネアサヒ、ミルキープリンセス、ヤマヒカリ

（選択銘柄）にこまる

　うるち米の作付面積を品種別にみると、「キヌヒカリ」が最も多く全体の49.2％を占め、「きぬむすめ」（10.3％）、「コシヒカリ」（9.1％）がこれに続いている。これら3品種が全体の68.6％を占めている。

- キヌヒカリ　県の水稲奨励品種で極早生品種である。県北地区産「キヌヒカリ」の食味ランキングはA'である。
- きぬむすめ　県の水稲奨励品種で中生品種である。県北地区産「きぬむすめ」の食味ランキングはA'である。
- コシヒカリ　県の水稲奨励品種で極早生品種である。

もち米

（必須銘柄）なし

（選択銘柄）モチミノリ

　もち米の作付面積の品種別比率は「モチミノリ」が最も多く全体の91.1％を占めている。

- モチミノリ　農研機構が「喜寿糯」と「関東125号」を交配して、育成した。1989（平成元）年に長野県で奨励品種への採用が決まり、新品種「水稲農林糯301号」として登録され、「モチミノリ」と命名された。和歌山県の奨励品種である。

醸造用米

（必須銘柄）山田錦

（選択銘柄）五百万石、玉栄

Ⅱ　食の文化編

知っておきたい雑穀

❶小麦

　小麦の作付面積、収穫量の全国順位はともに46位である。

❷そば

　そばの作付面積の全国順位は46位である。収穫量の全国順位も大阪府と並んで46位である。

❸大豆

　大豆の作付面積の全国順位は44位、収穫量は43位である。産地は紀の川市、橋本市などである。栽培しているのは、豆の中で最も品種の多い黄大豆である。複数の品種が少量ずつ作付けされていて代表的な品種は特定できない。

❹小豆

　小豆の作付面積、収穫量の全国順位はともに44位である。主産地は紀の川市、かつらぎ町、橋本市、紀美野町などである。

コメ・雑穀関連施設

- **小田井用水**（橋本市、かつらぎ町、紀の川市、岩出市）　紀州徳川家第5代藩主徳川吉宗の命を受けて大畑才蔵が18世紀に開削した。大畑は、竹筒と木でつくった簡単な測量器の水盛台を考案し、60間（109m）を一区切りとして測量して緩い勾配で水路を築造した。工事は3期に分けて行われ、総延長は32.5kmである。

- **亀池**（海南市）　紀州藩の命により、海南出身の井沢弥惣兵衛が設計し、1710年（宝永7）年に毎日600余人を動員して90日間で完成させた。動員数は延べ5万5,000人だった。築造時、亀の川の改修や導水路の建設も行われた。今も143haの農地を潤している。池の周囲には2,000本の桜が植えられ、開花時には桜祭りでにぎわう。

- **安居村暗渠と水路**（白浜町）　日置川の中流に位置し、豊かな流れを目の前にしながら水稲の栽培ができなかった寺山と安居集落のために、当時の庄屋であった鈴木七右衛門重秋が私財を投げ打って築造した。金比羅山に水路トンネルを掘削することにし、1799（寛政11）年に着工した。延長1.5kmの暗渠が完工したのは1805（文化2）年である。

- **若野用水**（御坊市、日高川町、美浜町、日高町）　1889（明治22）年に築造されて以来、御坊平野の水田かんがい用水を供給する役割を担っている。多いときは530カ所で水車が稼働していたが、現在は1カ所に減っている。
- **藤崎井用水**（紀の川市、岩出市、和歌山市）　紀州徳川家第2代藩主徳川光貞の命を受けて農業土木技術者の大畑才蔵が1696（元禄9）年から1701（同14）年にかけて開削した。紀の川市の紀の川藤崎頭首工から和歌山市山口まで延長21km。かんがい面積は約780haに及ぶ。

コメ・雑穀の特色ある料理

- **めはりずし**　すしというより、おにぎりといった感じである。特産の高菜の塩漬けを洗ってよく絞り、調味液に浸して味をなじませ、その葉にご飯を包み込む。昔は大きく握られ、食べるときに「目を見張るほど大きな口を開ける」「目を見張るほどおいしい」ということから名前がついた。熊野地方で山仕事や畑仕事の弁当として発達した。
- **サンマのなれずし**　サンマは北海道や三陸沖から寒流にのって南下してくるため、熊野灘付近で捕獲する頃には脂が落ちている。このサンマを背開きにして内臓や骨を取り除き、塩をまぶして寝かせる。それをご飯と一緒に漬け込むと、3週間～1カ月ほどで完成する。酢を使わない発酵食品である。
- **梅とジャコの炊き込みご飯**　雑魚は漢字では雑魚と書く。つまり多彩な種類が入り混じった小魚である。といだコメに、種をとった梅干しと梅酢を入れて炊き、炊き上がったら箸で梅干しを崩し、ジャコ、ワカメ、ゴマを混ぜる。コメ1合に梅干し1個が目安である。全国一のウメの生産量を誇る和歌山らしい料理である。
- **ケンケンカツオ茶漬け**（すさみ町）　ケンケンカツオは小型漁船に疑似餌を踊らせ一本釣りする漁法である。すさみ町など紀南地方では、春先に黒潮にのって北上するカツオのケンケン漁が盛んである。この漁法で釣った新鮮なカツオを材料にした茶漬けである。

コメと伝統文化の例

- **丹生都比売神社の御田祭**（かつらぎ町）　田人、牛飼、早乙女、田づ女

などが登場し、田作り、種まき、田植え、稲刈りなどの所作で豊作を祈る。平安時代末期から似たかたちのものがあったとされるが、現在のかたちに落ち着いたのは江戸時代である。和歌山県指定の無形民俗文化財である。開催日は毎年1月第3日曜日。

- **大飯盛物祭**（紀の川市）　貴志の大飯祭ともよばれる。大飯盛物は、高さ5m、直径3m程度の気球のような形を竹軸でつくり、表面をむしろで覆って、直径7cmほどのもちを竹串にさして取り付けた大きな"握り飯"である。これを神前に供えるため、大国主神社までまち中を行列をつくって練り歩く。開催は不定期で、近年では2016（平成28）年、その前は2005（平成17）年。

- **椎出鬼の舞**（九度山町）　豊作や雨乞いの祈願などのため、言い伝えでは670年前（文献では350年前）から椎出厳島神社で続いている祭り。和歌山県指定の無形民俗文化財である。開催日は毎年8月16日。

- **杉野原の御田舞**（有田川町）　有田川上流の山村に伝承されている、稲作の過程を演じて五穀豊穣を祈願する予祝行事である。舞の会場は和宝雨山雨錫寺阿弥陀堂である。下帯1枚で大火鉢を囲み歌いながら押し合う「裸苗押し」はこの地ならではの舞である。開催日は隔年（西暦偶数年）の2月11日。

- **色川神社例大祭**（那智勝浦町）　同神社の御神体は太田川上流の虚川に面した大岩である。参詣者は川向こうの大岩に手を合わせてから鳥居をくぐり本殿に向かう。例大祭では、五穀豊穣などを神に伝えるため宮司が祝詞を奏上する。色川神社は江戸時代中期には深瀬大明神とよばれ、色川7カ村の惣氏神だった。1914（大正3）年に当時の村内15社の神社を合祀し、現在の名前に改めた。例祭日は毎年9月15日。

- **若野用水**（御坊市、日高川町、美浜町、日高町）　1889（明治22）年に築造されて以来、御坊平野の水田かんがい用水を供給する役割を担っている。多いときは530カ所で水車が稼働していたが、現在は1カ所に減っている。
- **藤崎井用水**（紀の川市、岩出市、和歌山市）　紀州徳川家第2代藩主徳川光貞の命を受けて農業土木技術者の大畑才蔵が1696（元禄9）年から1701（同14）年にかけて開削した。紀の川市の紀の川藤崎頭首工から和歌山市山口まで延長21km。かんがい面積は約780haに及ぶ。

コメ・雑穀の特色ある料理

- **めはりずし**　すしというより、おにぎりといった感じである。特産の高菜の塩漬けを洗ってよく絞り、調味液に浸して味をなじませ、その葉にご飯を包み込む。昔は大きく握られ、食べるときに「目を見張るほど大きな口を開ける」「目を見張るほどおいしい」ということから名前がついた。熊野地方で山仕事や畑仕事の弁当として発達した。
- **サンマのなれずし**　サンマは北海道や三陸沖から寒流にのって南下してくるため、熊野灘付近で捕獲する頃には脂が落ちている。このサンマを背開きにして内臓や骨を取り除き、塩をまぶして寝かせる。それをご飯と一緒に漬け込むと、3週間～1カ月ほどで完成する。酢を使わない発酵食品である。
- **梅とジャコの炊き込みご飯**　雑魚は漢字では雑魚と書く。つまり多彩な種類が入り混じった小魚である。といだコメに、種をとった梅干しと梅酢を入れて炊き、炊き上がったら箸で梅干しを崩し、ジャコ、ワカメ、ゴマを混ぜる。コメ1合に梅干し1個が目安である。全国一のウメの生産量を誇る和歌山らしい料理である。
- **ケンケンカツオ茶漬け**（すさみ町）　ケンケンカツオは小型漁船に疑似餌を踊らせ一本釣りする漁法である。すさみ町など紀南地方では、春先に黒潮にのって北上するカツオのケンケン漁が盛んである。この漁法で釣った新鮮なカツオを材料にした茶漬けである。

コメと伝統文化の例

- **丹生都比売神社の御田祭**（かつらぎ町）　田人、牛飼、早乙女、田づ女

II　食の文化編　　53

などが登場し、田作り、種まき、田植え、稲刈りなどの所作で豊作を祈る。平安時代末期から似たかたちのものがあったとされるが、現在のかたちに落ち着いたのは江戸時代である。和歌山県指定の無形民俗文化財である。開催日は毎年1月第3日曜日。

- **大飯盛物祭**（紀の川市）　貴志の大飯祭ともよばれる。大飯盛物は、高さ5m、直径3m程度の気球のような形を竹軸でつくり、表面をむしろで覆って、直径7cmほどのもちを竹串にさして取り付けた大きな"握り飯"である。これを神前に供えるため、大国主神社までまち中を行列をつくって練り歩く。開催は不定期で、近年では2016（平成28）年、その前は2005（平成17）年。

- **椎出鬼の舞**（九度山町）　豊作や雨乞いの祈願などのため、言い伝えでは670年前（文献では350年前）から椎出厳島神社で続いている祭り。和歌山県指定の無形民俗文化財である。開催日は毎年8月16日。

- **杉野原の御田舞**（有田川町）　有田川上流の山村に伝承されている、稲作の過程を演じて五穀豊穣を祈願する予祝行事である。舞の会場は和宝雨山雨錫寺阿弥陀堂である。下帯1枚で大火鉢を囲み歌いながら押し合う「裸苗押し」はこの地ならではの舞である。開催日は隔年（西暦偶数年）の2月11日。

- **色川神社例大祭**（那智勝浦町）　同神社の御神体は太田川上流の虚川に面した大岩である。参詣者は川向こうの大岩に手を合わせてから鳥居をくぐり本殿に向かう。例大祭では、五穀豊穣などを神に伝えるため宮司が祝詞を奏上する。色川神社は江戸時代中期には深瀬大明神とよばれ、色川7カ村の惣氏神だった。1914（大正3）年に当時の村内15社の神社を合祀し、現在の名前に改めた。例祭日は毎年9月15日。

こなもの

黄そば

地域の特色

　近畿地方の南西部に位置する県で、紀伊山地の大部分を占める。かつての紀伊国の大部分である。西側は紀伊水道、南側は太平洋に面し、日ノ御埼以北はリアス式海岸を形成している。北部には和泉山脈、北西部には和歌山平野がある。三重県との境に熊野川が流れている。県庁の所在地の和歌山市は、和歌山県の北西部の紀ノ川下流に位置する。江戸時代には、紀州徳川氏55万石の城下町として栄えた。また、治水工事や灌漑工事を行い、河川を真っ直ぐにしたり、堤防を築くなどを行った。吉野杉の集散地である。太平洋に面している潮岬は、本州南端に位置する。気候は、沖合を流れる黒潮の影響により温暖である。紀北は降水量が少なく、紀南は降水量が多い。

食の歴史と文化

　和歌山は気候温暖だが、平地が少ないので耕作面積は少ないため、斜面を利用した果物（ミカンや梅）の栽培が行われた。ミカンでは有田ミカン、梅では南高梅がよく知られた品種である。最近は、柿、モモ、キウイフルーツなどの栽培が盛んになっている。

　紀伊水道と太平洋に面する沿岸域は、古くから漁業が盛んで、カツオ、マグロなどのほか、タチウオ、ハモ、ウツボ、イセエビなどが水揚げされる漁業基地として知られている。カツオ漁の盛んなこの地域では、漁師が工夫した「てこねずし」が郷土料理となっている。

　みなべ町原産の「紀州うすい」というエンドウマメの仲間は、その実をかき揚げ、卵とじ、豆ご飯にする。

　和歌山県の郷土料理には、古くからサバ・アジ・サンマなどの馴れずしや、高菜の古漬けで巻いた握り飯風の「めはりずし」があった。魚の馴れずしは食事のときに食べる習慣があった。めはりずしは木こりや漁師の弁

当として用意されたものであった。高野山では、鎌倉時代中期から凍り豆腐の「高野豆腐」を作り始めたといわれている。江戸時代に入ってから高野山の宿坊の食事の食材に利用した。高野山のクズを使ったゴマ豆腐も名物になっている。豆腐の原料である大豆の栽培の難しいところから、自然に生育しているクズのデンプンを利用したものと思われる。

知っておきたい郷土料理

だんご・まんじゅう類

①まんじゅう

　和歌山市内の総本家駿河屋は、室町時代の中期頃から営業している和菓子の専門店。最初は、京都・伏見で「鶴屋」という屋号で饅頭処を開いていた。徳川頼宣公がお国替えで、紀州に移ったときに、鶴屋は駿河屋に屋号を改めて和歌山に店を開いた。和歌山では練り羊羹から始めた。現在は羊羹のほか、どらやき、焼き菓子、饅頭など各種の和菓子を製造・販売している。

②うすかわ饅頭

　明治26（1893）年に、串本に生まれた「儀平」という職人が作り出した饅頭である。福島県の柏屋の薄皮饅頭とは違い、ごつごつした独特の形状の薄皮の饅頭で、白い皮のところどころから小豆餡が薄い皮を通して見える。別名は「橋杭岩うすかわまんじゅう」。紀州の山のところどころに見えるごつごつした橋杭岩に似ているから、この名がつけられている。

③きびのいびつもち

　皮を取り除いたタカキビ（モロコシ）を、寒の水に晒して渋を取り除き、日に干して乾燥させてから、石臼で粉に挽く。もろこしの粉5合と米粉5合を混ぜて、水を加えて練り、耳たぶの軟らかさの生地に調整する。適量の生地を手のひらに広げ、先に炊いておいた小豆餡を包む。これをサルトリイバラの葉で包んで、蒸籠で蒸す。端午の節句には、きびのいびつもちを、粽と同じようにたくさん作る。初節句の家にもって行く。

④ほしだんご

　ほしご（サツマイモの切り干ししたもの）の粉と小麦粉を混ぜた粉で作る蒸しパンで、おやつに利用することが多い。サツマイモの切り干しの粉

56

に小麦粉を1～2割混ぜ、平たいだんごに作り、蒸籠で蒸す。黒砂糖のように黒くなる。温かいうちに食べたほうが軟らかく、冷めると硬くなる。

⑤老松煎餅

和歌山市の小麦粉せんべい。小麦粉に、砂糖を混ぜて焼いたせんべい。シナモンや砂糖が塗ってある。安土桃山時代の天正13年（1585）に、羽柴秀長が和歌山に赴任するときに作らせたと伝えられている。

⑥釣鐘まんじゅう

御坊市の銘菓。道成寺の釣鐘に因むカステラ饅頭。カステラ皮で白餡を包み、鐘の形に象った菓子。道成寺は、大宝年間（701～4）に、文武天皇が天台宗の勅願寺として紀州に創建した。

お焼き・焼きおやつ・お好み焼き・たこ焼き類

①いりぼら焼き

米粉でだんごを作って焼き、おやつや間食に利用する。大きな鉢に米粉を茶碗3杯と黒砂糖を軽く一摑み入れ、ぽたぽた落ちるぐらいの軟らかさに練る。いりばら（鉄製のほうろく）をかまどにかけて、火をつけて熱くなったら、練った米粉を全部入れて、平たくのばして焼く。大体、直径約30cm、厚さ1～2cmほど。ブツブツ孔が開いたら、包丁でひっくり返し、もう一面を焼く。焼き上がったらまな板に移して、食べやすいように三角形や四角形に切る。

②ハッタイ（コヅキ）

和歌山県や奈良県では、麦刈りをし、田植えをすませてからその年にとれた新麦でコガシの「ハッタイ」を作り神様に供える習慣があった。また、正月二十日は「ハッタイ正月」といい、必ずハッタイを食べた。

ハッタイは「香煎」という粉の食べ方の一つで原料は地域により違いがある。例えば、山形県や石川県はオオムギ、岡山県ではコムギ・ハダカムギでつくり「イリコ」とよんでいた。穀物をこがしてから粉にした「コガシ」の材料は、岐阜県内では麦で作るところ、コメで作るところ、ヒエや栗で作るところがあった。これらコガシは湯で練ってから食べた。茨城県のコガシは小麦粉を煎ったものであった。

オオムギ・ハダカムギ・ヒエ・クリ・豆・トウキビを粉にし、これを煎

って、それに砂糖を加えて練ったものの呼び名は地域によって違いがあった。山口県では「コガリ」、福島県では「コーセン」、長崎県では「コーバン」、滋賀県では「ハッタイ」「カミコ」、富山県・高知県では「コンコ」などとよばれていた。

めんの郷土料理

和歌山県のうどんや日本そば関係の郷土料理はあまりないようだが、ラーメンについては、こだわりをもつ店があるようである。

①きぃそば（黄そば）

「黄そば（きぃそば）」は主として、近畿地方における中華麺の呼び方の一つ。この麺を用いた和風麺料理でもある。

「和風だし汁」（うどんだし、そばだしを含む）に中華麺を湯がいて合わせた麺料理である。近畿地方の各地にチェーン店のように展開されているが、古くから存在している店舗が多い。

②和歌山ラーメン

和歌山県北部で専門店や大衆食堂で提供されるご当地ラーメンである。昭和8（1933）年頃から広まっていたが、全国的に「和歌山ラーメン」として認められたのは、1990年である。スープは、日本の醤油の発祥地である湯浅があるために醤油味で、だしには豚骨、鶏がら、魚介類を使う（豚骨味の醤油ラーメンとでもいえる）。

▶ 生産量トップを独走するウメの大産地

くだもの

地勢と気候

　和歌山県は紀伊半島の南西部に位置する。県の面積の約8割が山地で、紀伊山系を中心とした山林地帯が広がっている。古くから良木を産出したこのから「木の国」ともよばれた。紀伊山地から西に延びる山脈が、西は紀伊水道、南は太平洋に迫り、典型的なリアス式海岸を形成している。

　降水量は南部の山地で多く、年平均降雨量が3,500mmを超えたこともある。過去、大型台風や梅雨前線によって、紀ノ川、有田川、熊野川などが氾濫し、土砂災害が発生するなど大きな被害をもたらしている。南部は黒潮の影響で温暖であり、最も寒い月でも平均気温は9℃以上ある。

知っておきたい果物

ミカン　ミカンの栽培面積、収穫量の全国順位は、ともに1位であり、県の生産農業所得でも1位を占めている。温州ミカンを含めたカンキツ類は県の基幹産業である。

　ミカンの主産地は有田市、有田川町、海南市、紀の川市などである。出荷時期はハウスミカンが5月中旬〜7月下旬と9月中旬〜下旬、早生ミカンが10月上旬〜2月上旬、普通ミカンが12月上旬〜2月下旬である。

　有田市の主力農業であるかんきつ類の90％は温州ミカンである。急傾斜を利用した石垣階段畑が続き、日照、排水、土質、気温がミカンの生産に適している。開花期にはまち中がミカンの花の香りに包まれ、秋には山々がミカン色に染まる「ミカンのまち」である。JAありだ管内のミカンの栽培面積は3,500ha、収穫量は10万トンに及び、単独JAでは有数のミカンの生産量を誇る。有田地域産のミカンは「有田みかん」として地域ブランドに登録されている。

　海南市下津地域は、全国でも珍しい本格貯蔵ミカンの産地である。12月に収穫した完熟ミカンを木造、土壁の呼吸する蔵で、糖や酸味のバラン

Ⅱ　食の文化編　　59

スがよくなるまで貯蔵し、「蔵出ししもつみかん」として3月まで出荷している。海南市下津町産のミカンは「しもつみかん」として地域ブランドの登録を受けている。また、和歌山県は優良県産品「プレミア和歌山」に認定している。

田辺市を中心とした「紀南みかん」もブランドとして名高い。由良町では、極早生の「ゆら早生」を出荷している。

ウメ　ウメの栽培面積、収穫量の全国順位はともに1位である。主産地はみなべ町、田辺市、上富田町などである。江戸時代中期の天明の大飢饉の際に、紀州藩だけは梅干しによって死者がほとんど出なかった。

みなべ・田辺地域は、「養分に乏しい山の斜面で高品質のウメを持続的に生産する技術を開発し、ウメを中心とした農業や伝統文化で生活を支えてきた」として、FAO（国連食糧農業機関）の世界農業遺産に認定されている。

県の中央部に位置し、黒潮暖流の恩恵を受けるみなべ町は、「南高」の生誕地である。品種の統一をはかるため、みなべ町の篤志家たちが1950（昭和25）年に優良母樹選定委員会を設立し、5年の歳月をかけて生み出した。当時、選定、調査に深く関わった和歌山県立南部高校にちなみ、1965（昭和40）年に「南高梅」と命名し、種苗登録された。JAみなべいなみは、みなべ地方産の南高梅と、同地方産の南高梅を主要な原材料とする梅干しを「紀州みなべの南高梅」の地域ブランドとして登録している。

これとは別に、紀州みなべ梅干協同組合と紀州田辺梅干協同組合は、和歌山県産のウメを使用して印南町、みなべ町、田辺市、西牟婁郡で生産された梅干しを「紀州梅干」の地域ブランドとして登録している。

みなべ町うめ21研究センターは、南高梅の原木保存や、優良品種への改良、ウメ加工品の開発など栽培から加工までの総合試験研究に取り組んでいる。

カキ　カキの栽培面積、収穫量の全国順位はともに1位である。主産地はかつらぎ町、紀の川市、橋本市などである。栽培品種は「富有」「刀根早生」「平核無」などである。出荷時期は「刀根早生」が7月下旬〜10月下旬、「平核無」が10月中旬〜11月下旬、「富有」が11月上旬〜12月下旬である。

ハッサク

ハッサクの栽培面積は全国の57.6％、収穫量は67.5％を占め、ともに全国一の産地である。主産地は紀の川市、有田川町、日高川町などである。通常は、降霜を避けて11月下旬頃から収穫し、貯蔵して4月頃まで出荷される。霜の降りない沿岸部では、樹上で完熟させてから収穫することもある。

バレンシアオレンジ

バレンシアオレンジの栽培面積は全国の77.3％、収穫量は80.6％を占め、ともに全国一の産地である。主産地は田辺市、湯浅町、有田市、広川町などである。

サンショウ

和歌山県は、全国のサンショウの栽培面積の55.8％、収穫量の77.7％を占めている日本一のサンショウの産地である。主産地は有田川町、紀美野町、海南市などである。

清見

清見の栽培面積、収穫量の全国順位は、ともに愛媛県に次いで2位である。主産地は紀の川市、有田川町、有田市、海南市などである。出荷時期は2月上旬〜5月中旬である。

イチジク

イチジクの栽培面積の全国順位は、愛知県、福岡県に次いで3位である。収穫量の全国順位は愛知県に次いで2位である。主産地は紀の川市、和歌山市、岩出市などである。出荷時期は6月下旬〜11月下旬である。

不知火

不知火の栽培面積の全国順位は4位、収穫量は3位である。主産地は紀の川市、有田川町、有田市などである。出荷時期は12月上旬〜下旬と1月中旬〜5月中旬である。

スモモ

スモモの栽培面積、収穫量の全国順位は、ともに山梨県、長崎県に次いで3位である。主産地はかつらぎ町、田辺市、紀の川市、有田川町などである。出荷時期は5月下旬〜7月中旬である。

伊予カン

伊予カンの栽培面積、収穫量の全国順位はともに愛媛県に次いで2位である。主産地は有田川町、日高川町、湯浅町、有田市などである。

ネーブルオレンジ

ネーブルオレンジの栽培面積、収穫量の全国順位はともに広島県、静岡県に次いで3位である。主産地はかつらぎ町、紀の川市、有田川町などである。

キウイ

キウイの栽培面積、収穫量の全国順位は、ともに愛媛県、福岡県に次いで3位である。主産地は紀の川市、有田川町、海南

市などである。出荷時期は12月上旬～下旬と1月中旬～4月中旬である。

桃 桃の栽培面積、収穫量の全国順位は、ともに山梨県、福島県、長野県に次いで4位である。主産地は紀の川市、かつらぎ町、海南市などである。出荷時期は6月中旬～8月上旬である。

紀の川市の旧桃山町は「あら川桃」とよばれる桃の産地で、西日本最大級の産地を形成している。

ナツミカン ナツミカンの栽培面積の全国順位は5位、収穫量は4位である。主産地は日高川町、御坊市、日高町、田辺市などである。

ビワ ビワの栽培面積の全国順位は7位、収穫量は6位である。主産地は海南市、湯浅町などである。出荷時期は6月中旬～下旬である。

スイカ スイカの作付面積の全国順位は20位、収穫量は19位である。主産地は印南町、御坊市、紀の川市などである。

ブドウ ブドウの栽培面積の全国順位は27位、収穫量は22位である。主産地はかつらぎ町、紀の川市、有田川町などである。

リンゴ リンゴの栽培面積の全国順位は、滋賀県、奈良県、宮崎県と並んで33位である。収穫量の全国順位も33位である。

ブルーベリー ブルーベリーの栽培面積の全国順位は36位、収穫量は22位である。主産地は和歌山市、広川町、有田市などである。

ジャバラ ジャバラは果汁が豊富なかんきつ系果実である。「邪を払う」ということでこの名前が付けられ、村では正月料理に欠かせない縁起物の材料である。原木が北山村内に自生していたため、村は1980（昭和55）年に産地化して、本格的な生産を始めた。現在は、新宮市でも栽培している。「花粉症に効くので愛用している」という人の増えていることがマスコミで紹介され、話題になった。

チェリモヤ マンゴー、マンゴスチンとともに世界3大美果の一つとされ、「森のアイスクリーム」ともいわれる。チェリモヤはペルー語で「冷たい種子」の意味である。ペルーでは、古代文明が栄えた有史以前から栽培されていたという。原産地は南米アンデスの高地である。産地は紀の川市などである。収穫時期は9月～12月頃である。和歌山県のほか、沖縄県でも栽培されている。

サンポウカン　漢字では三宝柑と書く。文政年間から、和歌山藩士の邸内にあった木を原木として栽培された。三方（儀式などで使われる台）にのせて和歌山城藩主に献上されたため、「三宝柑」の名が付いた。和歌山県では全国の9割以上を生産している。主産地は湯浅町で、県内産の約3分の2を生産している。

イチゴ　主産地は那智勝浦町、新宮市、串本町などである。出荷時期は11月〜5月頃である。産地は温暖な東牟婁地方に集中している。

1963（昭和38）年に新宮市でイチゴの露地栽培が始まった。1971（昭和46）年に那智勝浦町で施設栽培が導入され、「くろしおイチゴ生産販売組合」が結成された。現在は、県オリジナル品種の「まりひめ」と、「さちのか」を栽培し、「くろしおいちご」として出荷している。

クリ　クリの栽培面積の全国順位は45位、収穫量は40位である。主産地は紀美野町などである。

日本ナシ　日本ナシの栽培面積の全国順位は45位、収穫量は42位である。主産地は橋本市、かつらぎ町などである。

地元が提案する食べ方の例

みかんパン（JAありだ）

ミカンをミキサーにかけ、砂糖を加えて煮詰め、最後にレモンを絞ってミカンジャムをつくる。乾燥させたミカンの皮を粉にして混ぜたパン生地を発酵させ、ジャムを包んで焼く。

みかん羊羹（JAありだ）

ミカン8〜10個の表皮をむいて絞った汁に粉寒天4gを入れ、煮溶かす。これに砂糖200gとミカンの皮を入れ、滑らかになるまで混ぜ合わせ、型に流し込み、冷やし固める。

イカとみかんのごま酢みそ和え（JAありだ）

材料はミカン2個、イカ200g、コンニャク、キュウリ、ワカメなど。材料をよく混ぜ、少し煮てトロミをつけ酢を加えて冷まし、マヨネーズ、ゴマで和える。

Ⅱ　食の文化編　63

柿のキンピラ（紀の川市フルーツツーリズム推進協議会）

　カキは 7 ～ 8mm 角の棒状に切る。フライパンでゴマ油を熱し、カキを入れて炒める。醤油、ミリンで味付けし、ミツバを入れて火を止める。

ハッサクのサラダ（JA ありだ）

　袋をとったハッサク、ゆでたレンコンをドレッシングで和え、ハッサクの皮の器に盛ったレタスの上にのせる。スモークサーモン、パセリを添える。

消費者向け取り組み

- みかん資料館　有田市
- うめ振興館　みなべ町

魚　食

地域の特性

　和歌山県は、紀伊半島の南西部に位置し、淡路島と紀伊半島の間の紀伊水道に面している地域が多い。紀伊半島の田倉崎と淡路島の生石鼻の間は大阪湾口となっている。紀伊水道は、太平洋から入る黒潮と鳴門海峡の影響で回遊魚にとって必要な栄養分が豊富に存在する。大阪府との間に和泉山脈が横たわり、その南側の麓を紀ノ川が流れる。下流には和歌山平野があり、気候が温暖なため果実の栽培に適している。三重県との境の熊野川に生息する淡水産の魚介類は、古くから利用されていた。日ノ御崎以北は、魚介類の生息に適したリアス式海岸を形成している。

魚食の歴史と文化

　和歌山の地域は、長い間近隣の地域との交流がなかった。江戸時代以降、徳川御三家の城下町として発達したために、上とよぶ京都や大阪からの影響が食文化にも及ぼされるようになった。徳川御三家は紀州藩の治世のもとでは、産業の振興も奨励され、治水や灌漑工事も行われた。地場産業としては漆器・箪笥・手すき和紙・醤油・備長炭・木綿などが発達した。気候が温暖なことから果実の栽培が盛んになり南高梅と古城梅は全国的に有名になった。

　和歌山県の文化は、三重県との境を流れる熊野川と紀ノ川の流域に生まれた生活や文化の影響を考える必要がある。これらの流域の住民は熊野川や紀ノ川の清流や自然を大切にしてきているからである。これらの川に生息する魚介類は、森が作り出している栄養分の恩恵を受けていて、これらの流域に暮らす人々の貴重な食べ物であったのである。今でも川舟の船頭や語り部は、これらの川から受けた恵みや歴史を伝承してきていることからも、これらの川を大切にしてきていることが理解できる。

Ⅱ　食の文化編　65

知っておきたい伝統食品・郷土料理

地域の魚介類　　春から夏にかけては、ハマグリ・アサリ・サザエ・トコブシなどの貝類、シラス・マイワシ・サワラ・マダイ・ハモ・キビナゴなどの魚類、マグロ・カツオなどの大形魚が美味しくなる。夏はハマチ・エソ・タチウオ・サメ・ウツボなどの魚類、アワビが美味しい。秋には、マイワシ・マアジ・マサバ・サンマ・戻りガツオが美味しくなる。冬はブリ・タカノハダイ・メジナ・ブダイなどが漁獲される。かつては、クジラは冬の食べ物だった。

　　食用とする川魚は、主にヤマメ・アマゴ・アユ・フナである。熊野川ではアユ・ウナギ・コイ・スズキ・ノボリ・カワエビ・モクズガニが生息している。紀ノ川では、ハゼ科のドンコ・コイ科のカワムツやオイカワ・サンショウウオなどが生息している。

伝統食品・郷土料理

①すし類

● 握りずしタネ　小ダイ・サワラ・キビナゴ・タカノハダイ・マアジ・サンマは酢締めして握りずしのタネにする。
● なれずし用の魚　和歌山の特産品「サバのなれずし」は、塩飯にサバを抱き合わせ、アセ（暖竹）の葉で巻いて漬け込み、数日間（秋は5～8日間）自然発酵させ、独特の風味をもたせた「生なれずし」である。発酵の度合いにより「本なれ（極なれ）」「なれ（中なれ）」「早なれ（若なれ）」に区別されている。有田地方では、新鮮なサバを三枚におろして、1ヶ月ほど塩漬けしてから、中骨と皮を取り除き、一昼夜水にさらして塩出しをし、水を切っておき、少量の塩を加えて炊き上げた飯をよくこねて硬く棒状にまとめ、塩出ししたサバをのせて、アセの生葉をで巻き、すし桶に隙間なく詰めこむ。薄い食塩水をすしが隠れるくらいに注ぎ、重しをのせて1週間前後漬け込み、熟成させる。好みの食べ頃になったら、すし桶を逆さまに返して1時間ほど水切りして製品とする。発酵の進んだすしは強烈な臭いがするので「くされずし」の呼び名がある。現在「サバのなれずし」として市販されているのは、発酵の進んでいない臭みも弱いすしである。キビナゴ・サワラ・タカノハダイ・マアジ・ブ

リ・アユ・フナは麹で発酵させて、バショウ・柿・ワサビの葉などでくるんで馴れずし風にした賞味する。

- 苞巻きずし　魚をヤマイモのすりおろしたもので固め、竹の皮で包んでから、縄で巻いて保存食としたもの。和歌山県の名物すし。
- 下ずし　塩サバの塩を抜き、塩水でこねた飯を腹に詰める。これをアセの葉で巻き、桶に入れて重石をかける。アセの葉が黄色く色変わりし始めたら食べごろ。
- すずめずし　塩漬けした小ダイをスズメの形をしたすしにつくる。
- めはりずし　高菜の漬物をご飯に混ぜ、さらに残りの葉で包んだもので、畑や山の仕事にでかける場合の携帯食。
- 湯葉巻きずし　巻きすに湯葉とすし飯をのせ、飯のぬくもりで湯葉が柔らかくなったら、ニンジン・シイタケ・高野豆腐などの具を巻き込んだもの。田辺から串本にかけて作られる。
めはりずしと湯葉の巻きずしは魚は使われていない。

②ウツボ料理
- 照り焼き　腹開きして適当な幅に切った切身を照り焼きにする。
- みそ汁の具　食べやすい大きさに切ってみそ汁の具に。
- 風干し　腹開きし、風干しし、包丁の背でたたいてから醤油・砂糖で軟らかく煮る。
- ウツボの佃煮　ウツボの身を細く切り、醤油・砂糖などで煮て、惣菜や酒の肴とする。
- ウツボ煮　別名「小明石煮」という。ウツボはウナギ目ウツボ科に属する。和歌山県の串本地方では、ウツボの内臓と中骨を取り除き、干してから佃煮風に煮込み、小さく切ってビンに詰めて保存しておく。これが小明石煮で、スタミナ食として珍重され、居酒屋の酒のお通しにもしばしばでることがある。

③練り製品
- 南蛮焼き　ハモの身を主な原料とした練り製品。全体は白色に四角につくり、表面の中心に丸い焼き目をつけたもの。和歌山の名物練り製品。
- ごぼう巻き　円柱の蒲鉾を中心にゴボウを並べ、ハモの皮を巻いた練り製品。

④カツオ料理
- てこねずし　カツオ漁の船上での漁師料理であった。カツオの刺身とすし飯を混ぜてもの。現在は串本の郷土料理となっている。
- 酒盗（しゅとう）　カツオの内臓で作る塩辛。酒がすすむ肴という意味で「酒盗」の名がある。
- カツオ飯　カツオの腹身とシイタケを炊き込んだご飯。3～5月にかけての南紀の人気の郷土料理。焦げ飯の部分が人気とのこと。

⑤ブダイ料理
- イガミ料理　イガミとはブダイのこと。酢味噌和え、みそ汁の具、梅干しと醤油での煮つけ。
- お茶漬け　ブダイの塩干ししたものを焼いてほぐして、ご飯にのせてお茶漬けしたもの。

⑥タチウオ料理
- タチウオの糸造り　細く糸造りにしたタチウオはショウガ醤油で食べる。薬味に青ジソを使う。ショウガの辛味や香り、青ジソの香りで脂ののったタチウオが淡白に味わえる。
- 塩焼き　塩焼きしてレモン汁をかけることにより脂ののったタチウオの身が爽やかに食べることができる。
- その他　由良地方のタチウオのすしがある。

⑦マアジ料理
- 小アジの桃山漬け　初夏が旬の小アジの料理。トウガラシ味噌に漬けた小アジを備長炭でこんがりと焼き、トウガラシと長ネギを加えて二杯酢で食べる。

⑧その他
- 白身魚とヤマイモの摺り流し　白身魚をつぶして、すりおろしたヤマイモと和えたもの。
- さば汁　輪切りにしたサバにダイコンを入れ、醤油、塩で調味し、少し食酢を加えた汁。家庭料理として発展した郷土料理。

くじらの竜田揚げ

▼和歌山市の1世帯当たりの食肉購入量の変化 (g)

年度	生鮮肉	牛肉	豚肉	鶏肉	その他の肉
2001	47,520	14,112	15,728	14,262	1,971
2006	45,091	12,140	15,151	13,621	1,807
2011	47,402	9,332	16,660	15,577	2,334

　紀伊半島に位置する和歌山県の大半は、山地である。海岸線はリアス式海岸で漁業が盛んであるが、大阪府との間には和泉山脈が横たわり、奈良県との境には護摩壇山、鉾尖岳など標高1,000m以上の山々がある。紀伊半島南部にある熊野と、伊勢・大阪・高野・吉野を結ぶ熊野古道には、山間で生活するための伝統食が残っている。またその山々に棲息する野生の動物は、木の皮を食べるなどして樹木に被害を及ぼし、田畑の野菜類や果物類を食い荒らすなどするために、他の地域に比べ野生のイノシシやシカなどの捕獲と利用に、真剣に取り組んでいると評価されている。ウシやブタ、鶏などの銘柄の種類は、関西地区でも少ない。

　(公財)日本食肉消費総合センター刊行の『銘柄牛肉ハンドブック』には、和歌山県の銘柄牛は「熊野牛」だけが記載されている。同センターの刊行の『銘柄豚肉ハンドブック』には、和歌山県の銘柄豚は掲載されていないが、ネットでは紀州名物の梅の名のついた「紀州うめぶた」が紹介されている。和歌山県は、野生の鳥獣類の増加が著しく、野生の鳥獣類による農作物の被害が年々増加し深刻化している。そこで、イノシシやニホンジカを捕獲し、これらの生息数の適正化を計画・推進している。この時に捕獲したイノシシやニホンジカの有効利用が和歌山県として行政として計画し、ジビエ料理などを消費者にPRしている。

　和歌山県は漁港が多く、魚介類の入手が容易であるにもかかわらず、和歌山市の2001年度、2006年度、2011年度の生鮮肉や牛肉、豚肉、鶏肉の購入量は近畿地方全体の1世帯当たりよりも多い傾向がある。

　和歌山市の生鮮肉に対する各食肉の購入量の割合は、近畿地方の全体と

凡例　生鮮肉、牛肉、豚肉、鶏肉の購入量の出所は総理府発行の「家計調査」による

近似値にある。その他の肉には、大地町に水揚げするクジラやイルカも含まれていると推定する。

とくに、山地の多い和歌山県は、上に述べたように野生の鳥獣による被害が多いので、棲息数の調整のために捕獲し、捕獲した野生の鳥獣の利用の一環として、和歌山県は「和歌山ジビエ事業」としてイノシシやニホンジカの解体処理施設をつくり食肉流通システムの整備に力を入れている。野生の鳥獣は、捕獲後すぐに解体するが、その後の保存が難しい。衛生的な施設で素早く処理をした後、衛生的に低温で保存し、腐敗しないように熟成を続ける必要がある。また、野生の鳥獣には寄生虫が存在しているので決して生食はしてはならない。必ず、牡丹鍋のように十分に加熱してから食べることである。

知っておきたい牛肉と郷土料理

❶熊野牛

熊野牛のルーツは、平安時代中期頃からの中世熊野詣の最盛期に、京都から熊野に連れてこられた荷牛といわれている。その後、農耕用のウシとして利用された。肉用牛に改良するために、但馬牛の血統を取り入れている。品種については、（公財）日本食肉消費総合センター刊行の『銘柄牛肉ハンドブック』には記載されていない。

2004（平成16）年12月1日から熊野牛の認定制度ができる。選び抜かれた血統の素牛を、和歌山の豊かな自然と恵まれた気候風土の中で、丁寧に肥育したものである。きめ細かくうま味が濃厚な肉質である。

認定基準は黒毛和種であること、和歌山県内に在住する生産者によって14か月以上飼育されたもの、出荷月齢は26か月以上のもの、雌については未経産牛であること、（公社）日本食肉格付協会による枝肉格付けがA-3またはB-3以上のものなどと決められている。熊野牛の生産頭数は少なく、食肉として流通するのは年間170頭程度である。

熊野牛の最も美味しい料理として、炭火焼きがよいといわれている。炭火であぶるように焼いて、好みのタレや天然塩をつけて食べる。良質な脂の風味と赤身肉のうま味が賞味できる。

- **あがら丼**　"あがら"は、田辺の方言で"私たち"の意味。熊野牛の山椒焼き丼。熊野牛の厚切りステーキがご飯の上に惜しげもなくのる。特

製だれとご飯が良く合う。うまい田辺推進協議会。

知っておきたい豚肉と郷土料理

❶紀州うめぶた

2012年度の食肉産業展で「国産銘柄ポーク好感度・食味コンテスト」において優秀賞を受賞した地域銘柄豚。全国的には比較的新しく知られるようになった銘柄豚といえる。緑豊かな紀伊山地や自然景観をもつストレスの無い環境でのびのびと飼育される。ブタはのびのびと育つことにより肉質がよくなる。その上に梅酢を与えることにより、梅酢に含まれるクエン酸やアミノ酸類などがブタの健康を維持するのに役立っていると考えられている。内臓脂肪の減少や肝脂肪の減少がみられ、さらに病気に対する抵抗力も高まり、生存率も向上していることから「紀州うめぶた」が注目されたといえる。オレイン酸の含有量が、他の品種に比べてやや多いので、オレイン酸の機能性が期待できるといっている。紀州うめぶたの品種は大ヨークシャー×ランドレース×デュロックの三元豚（LWD）である。枝肉の肉質は締まりがあり、きめ細かく、光沢がある。脂質の脂肪酸は、ロース肉の脂肪100ｇにはオレイン酸が33ｇも含まれ軟らかく、しゃぶしゃぶにすると、脂肪分も少し減り美味しくなる。また「紀州うめぶた」をカレーの具にする場合、梅酒と梅肉を加えることにより、より一層コクのあるカレーに仕上がることが認められている。

知っておきたい鶏肉と郷土料理

❶紀州うめどり

和歌山県内の梅の産地では、梅干しを作ったときにでてくる液体を「梅酢」として、「紀州うめぶた」の餌に混ぜるほか、鶏の餌にも混ぜて給与している。昔から、夏場に弱った鶏に、梅酢を与える風習があった。梅酢を混ぜた餌を給与した鶏の肉は美味しいことも経験上分かっていた。

紀州うめどりと料理

クエン酸やアミノ酸類の豊富な梅酢を混ぜて育てた鶏が「紀州うめどり」である。梅酢を給与した鶏は健康で、産んだ卵（うめたまご）も美味しいことを和歌山県の養鶏研究所で確認している。肉質は心地よい弾力性があり、ジューシーで、ドリップが少ない。美味しい料理は、塩焼きである。

Ⅱ　食の文化編

知っておきたいその他の肉と郷土料理・ジビエ料理

❶イノシシとシカ

和歌山県では、野生鳥獣による農作物の被害が年々増加し、深刻化していることから、イノシシやニホンジカの捕獲に取り組んでいる。捕獲したイノシシやシカを食用として利用しているのはごく一部である。そこで、和歌山県では担当部署をはじめとし、捕獲したイノシシやシカを地域の貴重な食資源とし、レストランや宿泊施設で利用し、さらには観光振興に活かそうと取り組んでいる。またシカ肉については、鉄分が多くたんぱく質含有量も多いことから健康食材としての普及も計画している。

和歌山県内でイノシシやシカの料理を提供している食料品店、レストラン、ホテルなどは和歌山県のホームページで案内している。詳しくは和歌山県農林水産部農業生産局畜産課に問い合わせるとよい。また地域活性化の一環として「ステップアップわかやまジビエ事業」などでは、レシピの提案を受け付け、それを参考にして、食材としてのジビエの普及を行っている。

ジビエの普及には捕獲したイノシシやシカの衛生的で適正な処理が重要なので、和歌山県では日高川町に有害鳥獣食肉処理加工施設「ジビ工房紀州」を立ち上げている。

よく知られているイノシシ料理にはシシ鍋（牡丹鍋）や焼肉があり、シカ肉では焼肉、ステーキがある。料理の専門家や消費者の提案は、フランス風料理、イタリア料理が多い。ジビエ料理がフランス料理やイタリア料理に多いのは、ジビエ特有の臭いやクセを緩和するのに適しているからであろう。

❷イノブタ

イブの恵みという地域銘柄で提供されている。雌豚と雄猪を交配した一代雑種のイノブタである。肉の色は豚肉より赤みが濃く、脂はあっさりして臭みがない。しゃぶしゃぶや鍋料理、焼肉に適している。

❸クジラ料理

太地は捕鯨の基地でもあり、イルカ漁の基地でもある。主に、調査捕鯨の目的のために捕獲したクジラ類の料理が食べられる地域でもあり、クジラ料理の店が8店もある。調査捕鯨も禁止となり、太地の今後のクジラ料

理をどのように進めていていくかが課題である。クジラ料理は、クジラの
すべての部位が捨てるところなく食べられる。尾の身刺身、さらし鯨、く
じらベーコン、フライ、竜田揚げ、皮の下の脂肪組織はさらしクジラ、ベ
ーコンなどに加工する。鯨のすき焼き、花鯨、鯨肉の胡麻和え。くじらピ
ザもある。バーベキューでも美味しく食べられる。

● **鯨の胡麻和え**　太地地方で作る胡麻和え。赤身肉を煮付けてから胡麻和
えにする。

● **鯨の龍田揚げ**　太地の郷土料理ともなっている。各家庭でつくる。ショ
ウガ汁やニンニクを入れた醤油ベースのタレに漬けこみ、軽く片栗粉の
衣をつけて揚げる。クジラの臭みがなく評判の一品である。

● **さらしクジラの酢味噌和え**　鯨の皮下の脂肪組織を茹でて脂を抜いた
「さらしクジラ」を食べやすい大きさに切って酢味噌で和えて食べる一
般的な料理。

Ⅱ　食の文化編　　73

地 鶏

▼和歌山市の1世帯当たり年間鶏肉・鶏卵購入量

種 類	生鮮肉 (g)	鶏肉 (g)	やきとり (円)	鶏卵 (g)
2000年	45,254	12,294	2,152	37,226
2005年	44,914	14,963	1,233	33,209
2010年	44,751	14,639	1,605	32,652

　和歌山県は、紀伊半島南部は太平洋岸に面し、最先端の潮岬は本州の最南端となる。沖合は黒潮が流れているので、黒潮に乗って回遊するカツオやマグロを水揚げする漁港が多く、名産品にも魚介類が多い。和歌山県は南高梅の生産地でもあるので、銘柄卵には「梅」の名のついた「紀州うめたまご」、銘柄鶏には「紀州うめどり」がある。牛では「熊野牛」、豚では「イブの恵み」がよく知られている。

　和歌山県の地鶏・銘柄鶏には、上記紀州うめどりのほかに、葵之地鶏（生産者：鳥びん）、紀州鶏（生産者：森孵卵場、和歌山工場）、紀の國地どり（御坊チキン）がある。葵之地鶏は本社が大阪市の会社が飼育している。「葵」の名は、和歌山県の「三つ葉葵」の「葵」に由来している。紀州鶏と紀の國地どりは和歌山県の有田地方で飼育している。

　2000年、2005年、2010年の和歌山市の1世帯当たりの生鮮肉の購入量は、2000年よりも2005年、2005年より2010年と増えている。鶏卵の購入量についてみてみると、購入量は2000年が最も多く、その後減少、2005年は2000年と2010年の購入量に比べると少ない。

　和歌山市の1世帯当たりの生鮮肉や鶏肉、鶏卵の購入量は、近隣の奈良市の生鮮肉、鶏肉の1世帯当たりの購入量よりもやや多い傾向にある。このことは、和歌山市の家庭では、自宅で鶏料理を食べる機会が奈良市よりも多い。一方で、1世帯当たりのやきとりの購入金額は奈良市よりも多い。自宅での食べ方は鍋類が多いが、やきとりは市販のものを食べる機会が多いと推測している。日高川町は、"世界一長い焼鳥"の競争を、福島県川俣町や山口県長門市と繰り広げている。日高川町は、日本一の紀州備長炭

の生産量を誇り、町特産の"ホロホロ鳥"もあり、また、串にする竹も収穫できるので、町興しの一環として取り組んでいる。

知っておきたい鶏肉、卵を使った料理

- **あがら丼** "あがら"とは田辺地方の方言で"私たち"の意味で、地元の梅酢で元気に育った「梅鶏」、和歌山名産の南高梅の「梅干」そして「熊野牛」と、旬の魚を使った"私たち自慢の"丼。田辺市内のお店でいろいろな味が楽しめる。

- **田辺サンド** 武蔵坊弁慶が産まれた田辺市の名物サンド。地元産の地鶏の"紀州うめどり"の照り焼きやソテー、チキンカツ、チキンハムなどと、紀州産の"南高梅"をパンにはさんだサンドイッチ。食パンだけでなく、バンズ、ベーグルなどと各店が工夫している。田辺商工会議所と地元商店街が取り組んだ、ご当地グルメ。

- **和歌山ラーメン** 和歌山ラーメンのお店のテーブルには、ゆで卵と早寿司（鯖の押し寿司）が置いてあることがある。ラーメンが出来上がる間、自由に食べることができるし、ゆで卵はラーメンに入れてもよい。和歌山県には、醤油発祥の湯浅町があるので、和歌山ラーメンのスープも、基本的に醤油仕立ての豚骨醤油味と、中華そば風の醤油味。

卵を使った菓子

- **釣鐘まんじゅう** 和歌山銘菓。「道成寺物」といわれる"安珍と清姫の悲恋物語"に登場する道成寺の釣鐘に由来する釣鐘形のカステラ饅頭。中に入れる餡は、白餡、小豆餡、黒餡、名産の南高梅餡など各お店で工夫している。悲恋物語は、僧の安珍に恋をした清姫が、安珍に裏切られたことを知り、大蛇になり安珍を追い、道成寺の鐘の中に逃げた安珍を焼殺したという内容で、能楽や浄瑠璃、歌舞伎でも数多く演じられ、また映画化もされた。道成寺は大宝年間（701～704）に創建した、和歌山県最古の寺で、国宝の仏像や重要文化財の本堂など多数有する。

- **和歌浦せんべい** 100年以上前から和歌山で焼かれる玉子煎餅で、お土産として有名。一枚一枚に景勝地和歌浦の「不老橋」や「観海閣」の焼印が押されている。

Ⅱ　食の文化編　75

地 鶏

- **紀州鶏**　肉質の良い軍鶏の雄に、発育の良い白色ロックの雌を掛け合わせて、県の養鶏試験場で作出された地鶏。昔懐かしいかしわの旨みとやわらかさ、そして脂肪も少ないのが特徴。与える水は、紀州特産の備長炭で濾過している。平飼いで専用飼料を給与し平均125日と長期間飼養する。特定JASの地鶏の認定を受けている。

銘柄鶏

- **紀州うめどり**　体重：平均2,800g。紀州名産の梅干を作るときにできる梅酢を、脱塩濃縮した "Bx70" を飼料に添加しているので、病気に対する免疫力が高く健康な鶏。平飼いで飼養期間は平均53日。鶏種はチャンキー。有田養鶏農業協同組合が生産する。

たまご

- **紀州うめたまご**　紀州名産の梅干を作るときにできる梅酢を、脱塩濃縮した "Bx70" を飼料に添加して、病気に対する免疫力を高めた健康な鶏が産んだ卵。紀州うめどり・うめたまご協議会メンバーの10軒余りの農家が生産する。卵の購入だけでなく、県内のレストランや料理店、旅館等で味わうことができる。
- **青空たまご**　霊峰高野山を源流とする有田川の恩恵を受けた環境で育てた鶏が産んだ卵。天然の地下水と飼料に木酢液を加えて、活きの良い元気な若どりだけが産んだ卵。県の安心安全などに優れた県産品として和歌山県優良県産品「プレミア和歌山」に認定。ササキのたまごが生産する。

その他の鳥

- **ホロホロ鳥**　和歌山県日高川町では、1982年からホロホロ鳥の飼育を開始。町の産品所には、生肉の他、さまざまなホロホロ鳥商品が販売されている。また、道の駅 "San Pin　中津" では、ほろほろ親子丼やほろほろラーメン、ほろほろ焼き鳥などを食べることができる。肉質はやわらかく弾力があり、脂肪分も少なくあっさりとした味わいだが、かめば

かむほど深い味わいが出てくる。鍋物や焼き物はもちろん、刺身や天ぷらにしても美味しい。ヨーロッパでは「食鳥の女王」と称される。家畜化の歴史や名の由来などは巻末の付録1を参照。

県鳥

メジロ（メジロ科） 留鳥。目の周りが白いので目白。英名 Japanese White-eye。腹部以外の羽は、ウグイス色をしている。大分県も県鳥に指定。

汁　物

汁物と地域の食文化

　本州の最南端の潮岬から太平洋の沖を流れる黒潮の海流が見える和歌山県は、内陸部が90％も占めている。内陸は傾斜部なので果樹園が多い。南高梅の産地としても有名である。かつては、大和路を流れる川にはアユ、ウナギが棲息していた。和歌山県は、日本の味噌、醤油、かつお節などの発祥地であるので、郷土料理の発達にも影響している。

　黒潮に洗われる本州最南端の潮岬を中心に、東西に広く大海原が開けている。春から夏にかけては黒潮にのってカツオが回遊する。

　和歌山県の食文化は、紀ノ川流域に沿って発展している。熊野灘沿岸は太平洋の黒潮により比較的温暖な地域であり、黒潮にのって回遊する魚に恵まれている。回遊魚のサンマやサバの和歌山の馴れずしは、かつては和歌山の食事には欠かせない副菜のようなものであった。海岸線は岸壁にせまっていて、内陸部の90％は山岳地帯である。

　農業の中心は、江戸時代から続いているかんきつ類の栽培と、紀州田辺が栽培を奨励した南高梅がある。梅の栽培が急増したのは1907（明治40）年以降であり、1955（昭和30）年以降はかんきつ類も梅も栽培面積が増えてきている。和歌山のアジ・サバ・サンマの馴れずしは溶けるほどまで熟成させたものを珍味として食している。食事の後には馴れずしを食べる習慣があったとも伝えられている。

　沿岸漁業では大地町（たいじ）の捕鯨は有名であった。世界に商業捕鯨の制限からクジラの水揚げは沿岸のクジラだけになっている。しかし、昔からの名残から、クジラ料理は残っているし、大阪方面のクジラ料理に原料の提供も行っている。紀伊白浜に水揚げされるサメのヒレは「フカヒレ」を作っていたこともあった。

　和歌山市の漁師めしには、「小エビのだんご汁」「イワシのだんご汁」「ハモのだんご汁」がある。近年、「漁師めし」を和歌浦漁港のイベントで紹

凡例　1世帯当たりの食塩・醤油・味噌購入量の出所は、総理府発行の2012年度「家計調査」とその20年前の1992年度の「家計調査」による

介したところ人気があったと伝えられている。

汁物の種類と特色

　汁物の郷土料理には、小エビを叩いて団子状にし、汁に入れて、味噌または醤油仕立てにする「小エビだんご汁」、焼き魚のダシでうま味を付けた山芋のとろろ汁を、醤油や味噌で味付けた「やまいものとろろ汁」、サツマイモと炒り大豆の入った鍋に小麦粉の団子を入れた「うけぢゃ」の他に、「和歌山ダイコン汁」「サラダほうれん草汁」「カツオ潮汁」「タイ潮汁」「クエ鍋」などがある。

醤油・味噌の特徴

❶醤油の特徴

　鎌倉時代に大豆を原料として作り始めた「湯浅醤油」は、日本の醤油のルーツであり、その原型は「たまり醤油」であった。火入れ前の「生揚げ醤油」は独特のうま味がある。1841（天保12）年の創業の「角長醤油」は最初は大豆は岡山産、小麦は岐阜産、国内産の食塩と決めていた。現在は食塩はオーストラリア産のものを使っている。1912（大正元）年の創業の「カネイワ醤油」は、1～2年間、木樽で熟成させることを特徴とする天然仕込みの醤油である。

❷味噌の特徴

　金山寺味噌を作っている会社がある。

1992年度・2012年度の食塩・醤油・味噌の購入量

▼和歌山市の1世帯当たり食塩・醤油・味噌購入量（1992年度・2012年度）

年度	食塩（g）	醤油（mℓ）	味噌（g）
1992	2,545	10,866	5,310
2012	1,735	7,373	3,071

▼上記の1992年度購入量に対する2012年度購入量の割合（％）

食塩	醤油	味噌
68.2	67.9	57.3

　2012年度の和歌山市の1世帯当たり醤油購入量は、奈良市よりも多く、食塩の購入量は奈良市の半分ほどであった。和歌山県内には、和歌山名産

Ⅱ　食の文化編　　79

の南高梅の梅干しを作る工場があるが、2012年度の1世帯当たり食塩購入量が1992年度の購入量に比べ購入量の減少の割合が約68%であるということは、家庭での梅漬けは続けられていると思われる。

地域の主な食材と汁物

和歌山県は平地は少ないが傾斜地を利用して、果物類の栽培が盛んである。紀州ミカンの栽培は1680年代から、また、南高梅の栽培は明治時代から始め、いずれも和歌山県の代表的農産物となっている。

主な食材

❶伝統野菜・地野菜

和歌山ダイコン、青身ダイコン、まびき菜、真菜、水なす、うすいえんどう、ショウガ、ししトウガラシ、その他（キャベツ、ダイコン、ハクサイ、ブロッコリーなど）

❷主な水揚げ魚介類

紀州水道側—タチウオ、シラス、ハモ、エビ類、ヒラメ、カレイ

太平洋側—イワシ、サバ、アジ、カツオ、マグロ、ブリ、イカなど

❸食肉類

熊野牛

主な汁物と材料（具材）

汁　物	野菜類	粉物、豆類	魚介類、その他
山芋のとろろ汁	ヤマイモ、ネギ		焼き魚、調味（醤油／味噌）
小えびのだんご汁	ネギ	そうめん	エビ、調味（塩／味噌／醤油）
うち豆腐入り雑煮		うち豆腐（乾燥した大豆の粉）	味噌汁、鍋物
うけじゃ（サツマイモの汁粉）	サツマイモ	炒り大豆、小麦粉→団子	砂糖
和歌山ダイコン汁	和歌山ダイコン		

サラダほうれん草汁	サラダほうれん草		
カツオ潮汁	スダチ		カツオ、調味は塩
タイ潮汁	ネギ		マダイ、調味は塩

郷土料理としての主な汁物

- **山芋のとろろ汁**　那智勝浦地方では、秋には山芋料理を作る。その一つがとろろ汁である。輪切りにしたヤマイモをすり鉢で擦り、最後に擂り粉木で擦り、だし汁と醤油を入れて味を調える。麦ご飯にかけて食べる。

- **小えびのだんご汁**　小さなエビを細かく叩き、塩を振り、団子にして味噌仕立ての汁でも醤油味の澄まし汁でもよく、熱い汁にエビの団子を入れた汁物である。ネギや素麺を入れる家庭もある。

- **くえ鍋**　和歌山や九州などの温かい海域に棲息するスズキ科ハタ属の大型の魚である。くえ鍋は日高町の郷土料理として親しまれているが、漁獲量は非常の少ない。かつては、クエを神社まで担ぎ、奉納するクエ祭りがあった。淡白で美味しい身である野菜類とともに煮込む鍋料理が多い。

- **大根汁**　和歌山県は、ダイコンの栽培面積が広く、和歌山ダイコンのブランドで広めている。地域活性、地産地消を目的にダイコンの利用も工夫している。最もシンプルなのがダイコンの味噌汁である。ダイコンと一緒に加える具材を工夫すれば、いろいろなダイコンの味噌汁ができる。

- **カツオの粗汁**　和歌山県の各漁港には、カツオも水揚げされる。串本の漁師は、ハワイ島へ移り漁師として働いていた人たちが持ち帰った「ケンケン漁」によるカツオ漁が行われる。カツオは刺身やてこねずしで食べるが、頭部や腹などを使った味噌仕立ての粗汁は郷土料理として受け継がれている。

伝統調味料

地域の特性

▼和歌山市の1世帯当たりの調味料の購入量の変化

年　度	食塩 (g)	醤油 (ml)	味噌 (g)	酢 (ml)
1988	4,576	13,748	6,410	4,066
2000	2,479	9,800	4,464	3,763
2010	2,215	6,286	3,619	3,516

　雨の多い和歌山県の平野部は豊かな農地ではサヤエンドウ、キャベツ、ハクサイ、ブロッコリーが栽培されている。温暖な斜面を利用して栽培しているのは有田みかんの知名度は高い。本州最南端の潮岬の沖は、黒潮がカツオ・イワシ・マグロ・サバなどが回遊し、沿岸部には漁港が多く、いろいろな魚介類が水揚げされる。

　料理の味の構成に必要なカツオ節の製造過程の燻煙技術は、江戸中期の宝暦8（1758）年に紀州の与一が考案したという説があるところから、紀州の漁師は現在のカツオ節の製造に係わっていたと思える。紀州の漁師は、千葉県の安房にたどりつきカツオ節づくりを伝えたという説もある。

　日本での醤油の原形は和歌山県の「湯浅醤油」と伝えられている。鎌倉時代の中期の建長6（1254）年に、禅僧・覚心が宋の杭州より、紀州湯浅に径山寺味噌を伝えた。大豆を原料として作った味噌の底に残る液体が醤油の原形となっている。すなわち、溜り醤油といわれるものである。その後、大豆、米、小麦も原料とし、麹菌の働きを利用した日本特有の醤油が出来上がった。紀州湯浅は、麹菌の繁殖に適した風土と良好な水に恵まれているので、醤油が発達した。やがて、この醤油は船で関東の利根川流域に運ばれ、銚子、野田が醤油の生産地となった。

　紀州には独特の「なれずし」が発達している。かつては、紀州の人は昼食にラーメンを食べたりカレーライスを食べても必ずなれずしを食べると

いう習慣があったといわれている。和歌山のなれずしは、サバのなれずし
が一般的である。塩を振りかけたご飯を、粘りが出るまでよく捏ねる。直
径10cmくらいに丸めて、塩漬けしたサバの身に包み、葦の葉で巻いて樽
に漬けて重石をする。2週間ほどで乳酸醗酵したものを食べる。溶けてい
る状態のものもある。いずれにしても、乳酸醗酵の独特の匂いは、馴れな
いと食べられない。

　和歌山もところ変われば、すしの形も変わる。サバのなれずしは、和歌
山市よりも南の地域で利用するが、熊野・十津川の山間地帯の樵や漁師
はタカナの古漬けで握り飯を巻いたもので、仕事へ行くときの携帯食とし
ている。握り飯に食酢を使わず、タカナの香りと塩味だけで味わう素朴な
食べ物である。

　「家計調査」によると、和歌山市の1世帯当たりの食塩、醤油、食酢な
どの購入量は他の県より多い。とくに砂糖の購入量は多い。なれずし、味
噌づくり、梅干しづくりには食塩を使い、コダイのすずめ鮨などには食酢
が使われる。

　和歌山県の精進料理は、平安時代初期の弘仁7（816）年に、空海が高
野山に金剛峰寺を創建したことにはじまる。高野山の精進料理の特徴は高
野豆腐、胡麻豆腐、三ぴん豆腐（豆腐に酒を入れて油で炒めたもの）があ
る。もちろん、山菜料理（天ぷら、煮物、酢の物）もある。このような精
進料理は生活習慣病の予防の参考となるであろう。

知っておきたい郷土の調味料

　鎌倉中期の建長6（1254）年に、禅僧・覚心（心地覚心）が宋の杭州の
径山寺より、紀州湯浅に、径山寺味噌を伝え、後の醤油の原形となったと
ころから和歌山県は「醤油発祥の地」として約800年の歴史をもつことで
知られている。和歌山県は温暖な気候であるが、約80％を紀井山地が占
めているから酒や醤油、味噌などの醸造に適した地域ではないが、覚心の
取り計らいで醤油の発祥の地となった。一方、梅の栽培が日本一となって
いるのは海と山の恵みによると考えられている。

醤油・味噌

● **湯浅醤油**　鎌倉時代中期に大豆を原料として味噌を作る工程の途中で、

Ⅱ　食の文化編　　83

桶にたまる汁が美味しいことがわかった。この「溜り」醤油が、湯浅醤油の原型となる。後に、原料は大豆から米・麦へと変わり、様々な工夫や改良が加えられ、今日のような日本の醤油が出来上がる。溜りは、醤油の製造工程の途中でできる「粕」と、火入れ前の「生揚げ醤油」に分離する前のもので、独特のうま味がある。湯浅の醤油醸蔵は、紀州徳川の保護を受けて江戸時代には1,000戸前後の街並みに約92軒の醤油蔵が建ち並び、賑わったと伝えられている。溜り醤油は愛知・岐阜・三重では珍重されていた。

　京都に発祥した淡口醤油は紀州湯浅で量産されるようになる。湯浅は、麹菌の繁殖に適した風土と良好な水に恵まれているので、湯浅で作られた淡口醤油は再び京都へ運ばれていた。現在、京都の料理店では淡口醤油は、兵庫県の龍野で作られたものを使用している店が多い。

　一般に、「湯浅醤油」とは湯浅町で醸造される醤油を指す。「湯浅醤油」と名乗っている会社は、和歌山県有田郡湯浅町湯浅に所在し、金山寺（径山寺）味噌、醤油や梅干しなどを製造・販売している㈱丸新本家の子会社の湯浅醤油㈲である。

- **手作りの「角長醤油」**　天保12（1841）年に創業した㈱角長醤油は、創業以来湯浅の伝統的手法を受け継いで醸造している。発酵・熟成の木桶（吉野杉）を170年以上たっても使用している。大豆は岡山産、小麦は岐阜産と国産品を原料としているが、食塩はオーストラリア産の天日塩が使われている。国内産の食塩の価格は高いので、採算を考えた上での取り扱いであると思われる。仕込み水は「湯浅の水」を使用している。「溜り醤油」「濁り醤」などがある。「濁り醤」は、ろ過もしない生の醤油なので少し濁っていて「もろみ」そのもののうま味がある。

- **カネイワ醤油本店㈲**　大正元（1912）年に南国紀州有田で創業した会社である。人気の「蔵出し天然醤油」は、1年半～2年間たっぷり木桶で熟成させた昔ながらの天然仕込み醤油である。「古式しょうゆ」という自然発酵させた醤油で、ピリッとした感じのある醤油はめずらしい。

- **金山寺味噌のメーカー**　川善味噌㈱は金山寺味噌の専門メーカーである。「白みそ」「赤みそ」も製造している。丸富味噌醸造本舗も「金山寺味噌」を作っている。味噌メーカーなので「麦糀」も製造・販売している。

- **金山寺味噌**　和歌山県だけでなく、千葉県、静岡県でも生産されている

「嘗め味噌」である。大豆・米・麦・野菜を原料とする。調味料としては利用されないで、ご飯のおかず、酒の肴として食べる。炒った大豆を引き割り、これに麦糀と塩を加えて混ぜ、さらにウリ・ナス・ショウガなどを刻んで混ぜて仕込む。さらに、ウイキョウ・サンショウ・シソを加えて、密閉して3カ月ほど熟成する。

● **ポン酢しょうゆ**　醤油メーカーがかんきつ類の果汁と合わせポン酢を製造・販売している。

たれ・ソース

● **柚子たれ**　紀伊半島南東部の山里の元気なオバちゃんたちが、特産の柚子を入れたタレ。万能だれとして使用しているところもある。柚子の香りが揚げ物などフライ類を食べるのに、さっぱりした食感にしてくれる。

● **柿ドレッシング**　和歌山県の九度山町は富有柿の産地である。この富有柿とタマネギ・ニンニク・食酢を混ぜたもので、瓶詰め・箱詰めで販売されている。

● **柿ドレッシング・ヤンキーシェフのドレッシング**　和歌山県でPRしているドレッシングである。

酸味料

● **梅干しと酸味料**　梅干しは梅の果実を塩漬けした後、日干しにしたもので、漬物（塩漬け）の一種であるが、梅干しそのものも、梅漬けの漬け汁が酸味料の原料として使われる。最近は、「調味梅干し」といわれるもので、塩味だけでなく、うま味調味料や蜂蜜などで味付けしたものがある。日干しした梅干しを、いったん水に浸けて塩分を除いてから、調味液、蜂蜜、調味料などを加えて熟成させたものがある。梅干しやその加工品の酸味はクエン酸である。塩味は食塩、うま味としてうま味調味料やアミノ酸、甘味として蜂蜜などを加えたものが多い。

郷土料理と調味料

● **さば汁**　輪切りにしたサバにダイコンを入れ、醤油・塩で調味してから、サバの臭みを消して美味しく食べるのに食酢を加える。

● **南蛮焼き**　和歌山県の田辺地方で作っている正方形の焼き蒲鉾である。

蒲鉾としては固い食感をもっている。エソ・グチの身肉だけで作る。この白身肉に食塩を加えてすり身にし、四角（10cm四方）の枠に入れて、整形し加熱して作る。塩を加えることにより、たんぱく質をゾルにし、加熱してゲルに変えて蒲鉾様にしたものである。

発　酵

湯浅の金山寺味噌

◆地域の特色

　紀伊半島の西側に位置し、県南部には大規模な山地を有する。令制国では、紀伊半島の由来ともなった紀伊国の大半にあたる。江戸時代は初期には浅野家、のちに御三家の紀州徳川家の領地（紀州藩）であった。古くから「木の国」と呼ばれたほど山林が多く、紀伊水道や熊野灘を挟んで変化に富んだ海岸線が続く。また、このような深山幽谷の地形から高野山により開山された多くの寺院や熊野三山などの神社がある。

　南北の距離が長く、北部と南部では気候が異なる。和歌山市など県北部は瀬戸内海式気候に属し、年間を通じて天気や湿度が安定しており降水量も少ない。一方、県南部は太平洋岸式気候に属し黒潮の影響から温暖で、台風の影響を受けやすくきわめて降水量の多い地域もある。また、日照時間が長く、夏は比較的涼しく冬は暖かい傾向がみられる。

　県全域で果樹栽培を中心とする農業が盛んで、特に県中部でのミカン、ハッサク、田辺市を中心とするウメはともに生産量日本一である。その他、柿、サンショウなども日本一の生産量である。

◆発酵の歴史と文化

　和歌山県には醬油の起源となった金山寺味噌が造られている湯浅の町がある。金山寺味噌の由来については諸説あるが、なかでも有力とされているのが和歌山県由良町にある興国寺へ伝わったとされるものである。鎌倉時代、1249（建長元）年に宋に渡った信州の禅僧覚心が径山寺味噌を日本に持ち帰り、自ら建立した由良町の興国寺でその製法を伝えたとされる。その後、交通の便もよく、また水質が味噌醬油の製造に適していたという湯浅町やその他の地域に伝えられた。

　また、高野山真言宗の開祖空海（弘法大師）が遣唐使として唐に渡り、806（大同元）年に帰国した際に唐の金山寺から味噌を持ち帰った。それを、

Ⅱ　食の文化編　　87

高野山（伊都郡）開創後、大勢の修行僧を養う「僧坊食」として用い、その後各地に広まったとされる説もある。

当時の紀州金山寺味噌は、水分が多いものだったといわれており、味噌の製造の際には樽底に液汁が溜まる。この汁が今の溜り醤油に近いものであったといわれている。

◆主な発酵食品

醤油 1255年頃、禅僧覚心が宋の径山寺味噌の製法を興国寺から紀州湯浅に伝えたのが醤油の始まりとされている。

その後、湯浅地方において改良を加えながら発展し、県内の各地に広がり、和歌山の地場産業として定着するようになった。

現在では、昔ながらの味と香りが失われつつある中で、吉野杉製の香り豊かな桶を用い、長時間熟成され独特の風味を醸し出す天然醸造の伝統を守り「手造り醤油」として全国的に知られている。1841（天保12）年創業の角長（有田郡）のほか、湯浅醤油（有田郡）、則岡醤油醸造元（有田市）など21の蔵がある。

味噌 紀州金山寺味噌は、温かいご飯にのせたり酒の肴にと重宝されてきた、そのまま食べる味噌である。調味料としてではなくて、「常備菜」として考案された保存食といえる。原料の「米、大豆、裸麦」のすべてを麹にし、それにシロウリ、ナス、ショウガ、シソなど種々の野菜を漬け込み熟成させたものである。2017（平成29）年に地理的表示（GI）産品に認定された。

玉井醤本舗（有田郡）、あみ清数見商店（有田郡）、丸新本家（有田郡）、川善味噌（海南市）、やまだ（御坊市）などで造られている。

日本酒 奈良から和歌山へと流れる紀の川の伏流水は酒造りに適しており、県北部紀の川沿いにはたくさんの酒蔵がある。また、山田錦の栽培を始めるなど、近年遅れていた酒米の生産にも本格的に取り組み始めている。世界一統（和歌山市）、平和酒造（海南市）、名手酒造（海南市）、初桜酒造（伊都郡）、高垣酒造（有田郡）、中野BC（海南市）など15の蔵がある。

ビール 有田産のハッサクやサンショウを使ったクラフトビールを造るブルーウッドブリュワリー（有田郡）のほか、ナギサビール（西

牟婁郡)、平和酒造 (海南市) などで造られている。

梅酒 ウメの生産量の全国計は 12 万 3700 トンで、和歌山県は 7 万 9000 トンと 1 位で、シェアは 60% を超えている。紀州産の南高梅を使用した梅酒が酒造メーカーを中心に製造されている。2020 (令和 2) 年に、「和歌山梅酒」として地理的表示 (GI) に指定された。

柿酢 紀の川流域で採れる「平たねなし柿」を使用して造った酢が田村造酢 (伊都郡) で造られている。

なれずし 日本三大なれずしの一つで、800 年以上の歴史がある。祭りなどの地域の行事食として昔から作られ、その技術が伝承されている。熊野地方のなれずしは、シダの葉を敷き詰めた上にサンマやアユを漬け、柔らかく炊いたご飯で自然発酵させる。有田地域ではサバで作られる。

柿の葉寿司 奈良県、和歌山県の郷土食で、酢飯にサバやサケの切り身を合わせ、柿の葉で包んだ押しずしである。その起源は江戸時代といわれ、紀州藩の漁師が和歌山の港で獲れた魚を紀の川を使って奈良に運んだことが発祥とされている。柿の葉で包むことで保存性が高まり、柿の葉の香りが移り風味がよくなる。

梅干し 古くから作られているウメの実の塩漬けで、伝統的な梅干しは長期間保存できるよう 25〜30% の塩分でウメを漬け込んでいる。ウメに含まれるクエン酸により、乳酸菌や酵母による発酵はあまり起こらない。おにぎりや弁当に使われる食品であり、健康食品としても知られる。

紀の川漬け ダイコンを干して塩分 4% 前後で漬けた早漬け沢庵である。一般的な沢庵は塩分 8% 前後であり、発売は 1962 (昭和 37) 年と低塩漬物のはしりとされる。原料のダイコンは和歌山だいこんという品種である。

かまくら漬け 有田地方で作られる郷土料理で、小アジなどの新鮮な小魚の頭、ひれ、はらわたなどを取り去り、酒、酢、塩を混ぜて煮たてた汁に数日漬けたものである。

酒饅頭 小麦粉に酒種を入れて発酵させて生地にし、餡を包んで蒸し上げた饅頭で、ほのかにお酒の香りがする。高野山などで売られている。

Ⅱ　食の文化編　89

◆発酵食品を使った郷土料理など

めはりずし　タカナを塩漬けにし、その葉でおにぎりのようにご飯を包んだもので、熊野地方の郷土料理である。

茶がゆ　番茶で炊いた香り高い茶がゆは日常食として熊野山間地域で食べられている。その際の定番のおかずとして、古くから金山寺味噌が重宝されてきた。

鮎料理　清流古座川で獲れるアユを使って、鮎の味噌煮、鮎の甘露煮などがある。

こけらずし　和歌山市の加太や松江地区で伝えられている箱寿司（押しずし）で、白身魚のエソやエビやタイなどの魚をそぼろにして酢飯の上にのせ、醤油、砂糖、みりん、酒などで味付けをする。

太地の鯨料理　太地は捕鯨発祥地として知られる町で、クジラ肉の塊を拍子木のように切り、醤油と酒に漬けた料理が食べられていた。刺身は生姜醤油が定番だが、熊野地方では柚ポン酢も使われる。その他、さらし鯨の酢味噌和えもおいしい。

◆発酵にかかわる神社仏閣・祭り

丹生都比売神社（伊都郡）　祈年祭　天野盆地にある、1700年以上前に創建された世界遺産の古社で、酒殿で酒を醸し神さまに供えたと伝わっている。2月に行われる五穀の豊作を祈る祈年祭では、参拝者に紀の川の伏流水を用いて仕込みをしている初桜酒造で造られた米麴の甘酒が振る舞われる。

淡嶋神社（和歌山市）　甘酒祭　10月3日の秋の大祭（甘酒祭）では、少彦名神を酒造の神として、新米で造った甘酒を神殿に供え、参拝者にも振る舞われる。

◆発酵関連の博物館・美術館

角長（民具館）職人蔵・醤油資料館（有田郡）　足踏み小麦ひき割機や仕込桶など、醤油造りの道具が展示されている。職人蔵は、1866（慶応2）年に建った80㎡の仕込蔵であり、中に醤油製造に使用された器具が置かれている。

温故傳承館（海南市） 1866（慶応2）年創業の名手酒造店が所蔵する日本酒製造器具、道具類、営業諸資料、蔵人・蔵元の生活用具類など多数の充実した資料を整理し、展示している。

都道府県トップ10 漬物生産量（出荷額）

生産量（出荷額）トップは和歌山県の611.0億円で、全国計3893.4億円の15.7％を占める。2位は埼玉県（259.4億円、シェア6.6％）、3位は栃木県（253.7億円、同6.5％）、以下4位群馬県、5位長野県、6位愛知県、7位大阪府、8位京都府、9位広島県、10位新潟県である（2019（平成31）年経済産業省工業統計表品目別統計表データより作成）。

コラム 場を清める乳酸菌

大相撲では、取組の前に対戦する力士は「清めの塩」をまいて土俵を清める。歴史上、大相撲は五穀豊穣を占う神事ともつながりが深いからだといわれている。

漬物などの伝統的な発酵食品の多くは、食塩の存在下で耐塩性の乳酸菌の増殖が起こり、十分な乳酸を生産する。これにより、有害な菌などが淘汰された環境で安全な発酵食品ができ上がる。このことから、乳酸菌は「場を清める微生物」とも呼ばれることがある。さらに、ある種の乳酸菌は、バクテリアを殺す作用のあるバクテリオシン（ナイシンなどの抗菌物質）を生産することが知られており、最近はこのナイシンが天然の保存料としても使われている。

和菓子／郷土菓子

よもぎ餅

地域の特性

　近畿地方に属し、本州最大の半島・紀伊半島の南西部を占め太平洋に面している。県南部は本州の最南端で、黒潮が流れ海産物の宝庫である。気候は温暖で蜜柑・梅などの生産量はトップクラス。雨量の多いことから森林の生育がよく、古来紀国（きのくに）とよばれてきた。今日もなお自然崇拝が生き、熊野三山（本宮・新宮・那智）や高野山という信仰の聖地があり、ことに熊野信仰は、平安時代から貴族や庶民という隔てなく信仰され、「蟻の熊野詣で」とまでよばれ浸透した。その巡礼道は2004（平成16）年に「紀伊山地の霊場と参詣道」として世界遺産に登録された。

　県下の地形は縦長で紀北、紀中、紀南（南紀）の3つに分けられ、県庁のある和歌山市は紀北にある。県下全体は辺境のようだが、和歌山市は大阪とは近距離にある。江戸時代には徳川御三家の1つで、8代将軍吉宗は紀州・徳川家の出身であった。「江戸千家」と名乗る流祖の川上不白（ふはく）も紀州の人で、江戸との繋がりが濃く、菓子文化は江戸や大坂の影響がみられた。だが、何といっても熊野三山や高野山、西国三十三観音巡りの参拝客や、南紀白浜観光の観光客目当てに、「土産菓子文化」が開花している。

地域の歴史・文化とお菓子

紀州・和歌山の伝説と名物菓子

①武蔵坊弁慶の誕生地・田辺市　弁慶で町おこし

　今から800年余り前、源義経（みなもとよしつね）の家臣・武蔵坊弁慶は熊野水軍200余艘・兵2,000余りとともに田辺の牟婁（むろ）の津より壇ノ浦に船出し、見事に平家を打ち倒した。武蔵坊弁慶は、紀州田辺が生誕地であるとされている。『義経記（ぎけいき）』（室町初期成立）によると熊野別当家の嫡子で、幼名は「鬼若」、比叡山で修行後、西塔武蔵坊弁慶と自ら名付けたとされる。JR紀伊田辺駅

前の広場には、なぎなたを構えた荒法師・弁慶の銅像があり市内には弁慶にまつわる史跡が多く、市庁舎前の「弁慶松」（6代目）は、彼の生誕を記念して植えられたという。すぐそばの井戸は、弁慶の産湯を汲んだ井戸とされ、田辺市は弁慶のふる里であった。

②闘鶏神社と弁慶の父・湛増

　土地の人たちに「権現さん」で親しまれる闘鶏神社は、熊野三山（熊野本宮大社・熊野速玉大社・熊野那智大社）が祀ってあるため、ここに参拝すると熊野三山に詣でたことと同じ御利益があるとされていた。さらにこの神社には、壇の浦合戦で源氏に勝利を導いた熊野水軍の伝説がある。それは弁慶の父とされる湛増が、この神社で熊野三山を統括する職にあって、強大な力をもつ熊野水軍を支配下にしていたからであった。

③闘鶏神社の謂われ

　湛増のもとには、源氏・平氏双方より熊野水軍の援軍要請があった。彼はどちらに味方をするか神意を確認するため、社地の鶏に赤を平氏、白を源氏に見立て紅白7羽の鶏を闘わせたという。そこから闘鶏神社とよばれ、結果は源氏に見立てた鶏が勝ち、源氏の援軍についたのであった。

　境内の一角には、父湛増と弁慶の伝説を再現した像が立っている。また、神社には弁慶出生時に産湯を沸かした釜や、義経が奉納した横笛（銘白竜）など弁慶や義経ゆかりの宝物が展示されている。

④名物最中「辦慶の釜」

　紀伊田辺駅近くの御菓子司鈴屋には、弁慶に因んだユニークな最中がある。闘鶏神社の弁慶の産湯の釜を模したもので、最中は上下2層に分かれ、上には柚子餡、下には粒餡が入っている。小豆の粒餡を先に食べ、次いで柚子餡を食べるとすっきりと後味がよい最中だ。1968（昭和43）年には昭和天皇白浜行幸のみぎり、天覧お買い上げの栄を賜った銘菓である。

道成寺に伝わる「安珍・清姫」伝説

①物語の発端

　天音山道成寺は、日高町の日高川近くにある新西国三十三観音霊場の第5番目の札所である。能や歌舞伎の演目として名高い「安珍・清姫伝説」の寺として知られる。この物語は、平安時代中期に編纂された『本朝法華験記』（大日本国法華経験記とも）にみえる古い話である。

Ⅱ　食の文化編　　93

時は醍醐天皇928（延長6）年の秋、奥州白河（福島県）の今日風にいう“イケメン”の山伏安珍は、熊野権現への途中、熊野街道の今の中辺路町で日が暮れ、庄屋の庄司清次の家に宿を借りた。ところが、この家の娘・清姫は安珍の凛々しさに一目惚れをし、ただならぬ夜を明かしてしまった。しかし、安珍は「修行が終えるまで待ってほしい」と約束をし、熊野権現へと旅立つ。やがて修行を終えた安珍だったが、清姫への思いはすでに消えていた。だが、清姫の安珍への思いは深まり、その心は燃える炎となっていた。

②釣鐘と安珍を焼き溶かした清姫の怨念

　安珍に裏切られた清姫の怨念は大蛇と化し、日高川を泳ぎ渡り、道成寺の釣鐘の中にかくまわれた安珍を追い詰めた。蛇身の清姫は炎を吐いて鐘を焼き溶かし、やがて安珍をも焼き殺してしまった。

　法華経の教えで我に返った清姫は、日高川の入江に身を投じ、川底深く姿を消したのであった。

③2人を物語る「釣鐘まんじゅう」

　道成寺には安珍を葬った「安珍塚」が残されている。仁王門の石段下の左右には、土産物店や飲食店が軒を並べ名物の「釣鐘まんじゅう」が売られている。「釣鐘まんじゅう」は御坊市や日高川町の名物で、味や焼き具合に店それぞれの特色があるが、カステラ生地を釣鐘型に成形し、中に黒と白の漉し餡が包まれている。店ごとに「○○の釣鐘まんじゅう」と、名付けて販売している。清姫の燃えるような情念を冠した“情熱の釣鐘まんじゅう”と謳ったものなどがあり、「安珍・清姫」の伝説は今も健在である。

真田幸村の隠れ里

①真田家父子で戦った関ヶ原

　猿飛佐助・霧隠才蔵など「真田十勇士」の物語で知られる武将・真田幸村。1600（慶長5）年、天下分け目の関ヶ原の合戦の際、真田家は父昌幸と二男・幸村は西軍豊臣方に、長男信幸は東軍徳川方に、と、お家存続をかけ親子が分かれて戦った話は有名である。

　結果は西軍は敗退し昌幸・幸村親子は死罪となった。だが、長男信幸の嘆願により昌幸・幸村父子は「高野山蟄居」が命じられ、同年10月9日真田家の菩提寺・蓮華定院に移った。しかし高野山が酷寒なため、麓の九

度山に居を移した。現在その跡地に立つのが「真田庵（善名称院）」で、ここで幸村父子は将来に備え日々訓練に励んでいた。父昌幸は家伝の「真田紐」を織り、家臣に全国各地へ行商させ資金と情報収集に役立たせたという。

②真田の抜け穴伝説

真田庵から東へ約170mのところに「真田の抜け穴」と称されるところがある。ここは後に、戦国期最後の武将として、真田幸村の名を馳せる大阪"冬の陣""夏の陣"の際、幸村が九度山から戦場へ出向いたという伝説の地で、「この穴の向こうは大坂城につづいている」という言い伝えがあった。実際は4世紀頃の横穴式石室をもった古墳で、幸村の伝説から「真田古墳」と名付けられ、九度山にはこうした「真田伝説」が各所にある。

1614（慶長19）年11月の冬の陣、翌年5月の夏の陣と幸村の働きは壮絶なもので、豊臣家に最後まで忠義を尽くした幸村に、家康も「敵ながらあっぱれ」と讃えたという。

③真田伝説・九度山伝説ゆかりの菓子

真田伝説の町九度山は、至る所に真田家の家紋「六文銭」の赤い幟が風にはためいている。浪花堂（橋本市）の「真田まんじゅう」は、まさに六文銭の焼印が堂同と押されているカステラ生地の饅頭で、真田ファンには嬉しい。中には白餡が包まれもちもち感いっぱいのお饅頭である。因みにこの六文銭は三途の川の渡し賃で、真田家の決死の覚悟を伝える神聖なシンボルマークであった。谷村萬寿堂の「六文銭」は、六文銭の形をした焼き菓子で、中には歯ごたえのある小豆の粒餡が入っている。

九度山の「九度」とは、高野山を開いた弘法大師の母が、当時高野山は女人禁制だったため「女人高野」とよばれたこの慈尊院に住んでいて、弘法大師が月に9回会いに来たという伝説がある。慈尊院は女性の寺なので、子育て良縁の願いに乳房の形をした物を縫って供えた。そこから生まれたのが「おちちまん」で、ミルク風味の黄身餡を包んだ焼き菓子である。

行事とお菓子

①十日戎の「のし飴」

「えべっさん」といえば十日戎のことで、正月9、10、11日と和歌山市内の水門吹上神社や東の宮で、商売繁盛を願い福を求める人たちで賑わう。

この日は縁起物の吉兆を飾った「福笹」が登場するが、和歌山では5,000円、1万円といった巨大な紅（ピンク）白の「のし飴」とよぶねじり飴が売られている。のし飴は水飴に砂糖を加え鍋で炊いた飴生地を細工するもので、クリスマスのステッキ型の飴によく似ている。「のし」はお祝いの「熨斗」のことだが、紀州弁は語尾に「のし（ねえ）」とつける方言があり、そこからきているともされる。この飴は県内のえべっさんの日にだけ売られる。「のし飴」の発祥地は水門吹上神社とされ、明治時代に、大阪今宮戎神社の「ねじり飴」や「おたやん飴（お多福飴）」を参考に創案されたとされる。

②紀三井寺「初午福つき大投餅」

紀三井寺は西国三十三所観音霊場第２番目の札所。初午は３月最初の午の日で、県下最大の「餅まき」が行われる。「大福」と赤く書かれた直径１ｍの円盤のような餅から、大小5,000個の餅が投下され、福男が「厄を祓って、福を授かりましょう」と大声で張り上げ、餅が投げられる。盛り上がってくると餅だけでなく菓子やパンなども投下され、境内は騒然として参拝者たちの「餅拾いの戦場」となる。和歌山県は「餅まき」の聖地といわれ、各地で祝い事には欠かせない行事だが、この寺の餅まきは春を呼ぶ行事として親しまれている。

③橘本神社の菓子祭

海南市下津町にある橘本神社は、菓子の神様田道間守命が祀られ、彼が持ち帰った橘が社地の「六本樹の丘」に植えられたという。橘は改良を重ねて現在の蜜柑となり、毎年４月第１日曜日に全国の菓子業者により「菓子祭」が行われ、全国の銘菓が奉献される。秋には「蜜柑祭り」も行われる。

④水門吹上神社「牛の舌餅投げ」

毎年11月23日に行われ、新穀感謝祭に奉納された２枚の「牛の舌餅」と称される畳１枚分の巨大なのし餅を投げる行事で、江戸の昔は社殿の屋根の上からそのまま投下したという。現在は手のひらサイズに切り分けられ、他に180kgもの大小さまざまな餅が撒かれる。この行事は「牛祭り」に行われたとされる。「餅まき」は、土地の悪霊や邪悪な魔物に食物を供え、穀霊によってそれらを祓い、あらゆる幸いを祈った。

知っておきたい郷土のお菓子

- **煉羊羹・本ノ字饅頭**（和歌山市）　総本家駿河屋の銘菓。室町中期の1461（寛正2）年京都伏見で「鶴屋」として創業。徳川家康の十男・頼宣の御用を務め駿河へ。その後頼宣の転封で江戸前期紀伊へと移った。将軍の息女鶴姫が紀州家に輿入れし、鶴の名は遠慮し「駿河屋」と改名。代表銘菓・煉り羊羹は、秀吉の時代に京都で創製。備中小豆、和三盆、寒天、中国からの生臙脂（紅）で煉り上げたもの。この羊羹は「紅羊羹」の名がある。長方形の竹皮包みはこの店の発案。酒種饅頭の「本ノ字饅頭」もよく知られている。店は一時廃業したが、2015（平成27）年に再開した。

- **ひじり羊羹・みろく石**（高野山町）　精進料理に欠かせない、高野山秘蔵の古文書に基づき作った晒し巻きの蒸し羊羹。1871（明治4）年創業のかさ國の代表銘菓。他に奥の院の弥勒石に因んだ焼き饅頭「みろく石」がある。

- **花坂やきもち**（高野町）　名物の餡入り餅を両面こんがりと焼いたもの。白と蓬の2種があり、かつて土地の老女が作った塩焼餅が最初とされる。高野山参詣道・花坂の掛商店などで、300年来作られている。

- **串柿**（橋本市）　1885（明治18）年創業の竹虎堂の銘菓。黄身餡に橋本特産の富有柿の干し柿を練り込み小麦生地で包んだ焼き饅頭。干し柿を模してある。

- **醤油まんじゅう**（湯浅町）　金山寺味噌と醤油が名産の湯浅町の名物饅頭。地元「角長」の醤油を使った生地で漉し餡を包んで蒸し上げるため香ばしい。湯浅町に3代続くおぐらやの商品。

- **おけし餅**（田辺市）　江戸後期創業の「辻の餅」が作る名物餅。丸く平たい直径5cmほどの杵搗き餅の両面に塩加減のよい粒餡をつけた素朴な餅。名の由来は、子供の髪型「芥子坊主」による。

- **三万五千石**（田辺市）　三万五千石本舗 EH 製菓（田辺市）の銘菓。漉し餡を求肥で薄く包み、もち米製の薄種で挟む。薄種は紅白の2種あり、菓名は紀州田辺藩の石高に因んでいる。

- **柚もなか**（白浜町）　三徳小西菓子舗の一口最中。詰められた薄緑色の餡は、摺りおろした柚子の皮を混ぜたもの。和歌山県の代表銘菓。

Ⅱ　食の文化編　　97

- **あんのし**（新宮市）　珍重庵の熊野銘菓。「あんのし」は熊野言葉で「あのねえ」。漉し餡を小麦生地でさつま芋形に成形し、串に刺して串を回転させながら焼く。奈良の「さつま焼き」に似ている。
- **うすかわ饅頭**（串本市）　創業100年の儀平菓舗の名物饅頭。本州最南端の潮岬にある奇岩・橋杭岩を模した独特な形をし、酒種生地の薄皮から甘すぎない漉し餡がのぞいている。同市の無量寺と縁のある江戸時代の絵師・長沢芦雪の落款「魚」を刻した、珍しい「芦雪もなか」もある。
- **那智黒**（太地町）　那智黒総本舗の名物飴。県の名産品「那智石」の碁石を模したもので、奄美群島・徳之島産の黒砂糖を使ったコクのある黒飴。1877（明治10）年誕生以来、那智大社の参詣土産として知られる。
- **辨慶の釜・釣鐘まんじゅう**　前出参照
- **真田まんじゅう・六文銭・おちちまん**　前出参照

乾物 / 干物

湯葉巻き

地域特性

　日本最大の半島である紀伊半島の西側に位置し、全体的に山地が多く、面積の80％が山間地である。平地は田辺市、南紀にわずかにある程度で、多くが山岳地帯である。歴史的には徳川御三家の１つ紀州藩があって、世界遺産に指定されている熊野三山は高野山開基による仏教や神社信仰が発達しており、観光関連産業も多く発達している。

　紀伊水道、熊野灘をはさんで変化に富んだ海岸線が続き、黒潮がもたらす漁業も盛んである。また、和歌山市を中心に阪神工業地帯に属し、重化学工業も盛んではあるが、立地条件として平地が少なく、産業は未発達の部分が多い。一方、中部ではみかん栽培や田辺市近郊に見る梅の栽培が盛んで、梅干し工場も多く見られる。小規模ではあるが、水産加工や花卉栽培などによる特産品もある。気候は太平洋側気候と瀬戸内海式気候で、比較的安定している。

知っておきたい乾物 / 干物とその加工品

ぶどう山椒粉　　和歌山県は日本一の山椒の生産県で、収穫量の70％を占める。有田川町は江戸時代の天保年間（1830〜1844年）に自生していたものを栽培した。山椒はミカン科の低木である。浅根性植物で、排水のよい乾燥した土地を好むため、西日が当たらず、日照時間が短い中山間地の傾斜地が適している。中でも、標高500〜600mの高地である遠井地区を中心に栽培が盛んになり、その品種は「ぶどう山椒」といい、山の実の粒がぶどうのように房重なりになり、粒も大きく、香りや味もしっかりしている。

　山椒には舌がピリリとしびれる効能があるが、これは山椒に含まれるサンショオールという成分が神経に作用しているからである。人体には無害で、大脳を刺激して内臓器官の働きを活発にする作用に効果的で、塩分、

糖分の吸収を控えめにするスパイスの働きが大である。兵庫県の「朝倉山椒」はトゲがないので収穫しやすいが、ぶどう山椒は朝倉山椒と違い、葉や茎に鋭いトゲがあり、収穫に大変手間がかかる。

粉生姜　和歌山県産粉生姜は、収穫後すぐに乾燥し、粉末にしたものである。甘い香りとピリッとした辛味は、生姜本来の味と香りを楽しめる。

真鯖、大鯵、カマスのひもの　紀州沖の海からは新鮮な真鯖、鯵、カマスなどが上がり、塩味で仕上げた干物は冷風乾燥で仕上げることで身が柔らかくなり、人気がある。DHA、EPA などが豊富で、カルシウム、ビタミンＢが多く含まれている。

姫ひじき　和歌山県串本、東牟婁郡では、春先になると磯の口開けにふのりや天草に続いてひじきが採れる。ブランドの姫ひじきは太くて柔らかく、腰があることで評判である。古座町では、20年前は生の原草で売っていたが、今は、大釜で茹でて天日乾燥し、伝統の加工方法で袋詰めして出荷している。加工方法は伊勢方式である。

湯葉巻きずし　海苔が高価で手に入りにくい時代に高野山ゆばが盛んに作られ、西牟婁地区では巻きずしにゆばを使ったのが走りといわれている。

加太わかめ　和歌山市の北西端加太浦付近で採れるワカメは「加太和布」と呼ばれ、京阪神を中心に大都市に出荷され、人気が高い。紀伊水道の荒波にもまれ、加太の海で育ったワカメは、磯の香りが漂い、色鮮やかで新鮮な素材である。かもじは天日干しで味香高く、海苔の代わりに巻いたわかめ寿司は加太の名物である。

生しらす　3～5月ごろ、外海でカタクチイワシは黒潮の分岐点から紀伊水道に群れを成して流れ込み、春になるとシラス漁が盛んになる。シラスは小さいので、バッチ網といわれる目の細かい網を2艘の小型船で引っぱって行われ、新鮮なまま水揚げするため、運搬船が加わり、合計3艘の船を組んで行う。釜揚げ、天日干しシラスは白くなり、しらす丼が人気である。

ごま豆腐　9世紀に、高野山の弘法大師が御入山の途中に立ち寄った農家で供されたごま豆腐に大変喜び、「この珍しい味と香りを後々まで伝えよ」とのことから、今なお伝統的な製法で受け継がれてい

るという。ごま豆腐はまさしく乾物であり、白ゴマの練りごまをくず粉と混ぜ合わせ、昆布のだし汁で煮固め、型にはめてでき上がる。精進料理の代表である。

柿の葉寿司　柿の葉寿司は奈良県が有名であるが、和歌山県には高野山発祥として、柿の葉を乾燥して保存し、その殺菌性と保存性の高さから生まれた逸品がある。

III

営みの文化編

伝統行事

熊野速玉大社御船祭

地域の特性

　和歌山県は、近畿地方南部に位置し、紀伊半島南西部を占める。大阪府とのあいだに和泉山脈が横たわり、その南麓に紀ノ川が流れる。その下流域に和歌山平野が開けるほかは、大半が山地である。奈良県との境には標高1,000メートル以上の山々が連なり、三重県との境には熊野川が流れる。日ノ御埼より北はリアス式海岸、南は海岸段丘で、本州最南端の潮岬もここにある。気候は、沿岸を黒潮が流れるため温暖である。

　江戸時代には、徳川御三家の紀州藩の治世下で、開発や産業振興が奨励された。治水・灌漑工事も行なわれたが、それは河川を直流させて両岸に堤防を築くというきわめて合理的な工事法で、のちに紀州流として全国に広まった。

　吉野杉の造林・ミカン栽培・ウメ栽培・醤油醸造など、全国的に知られる地場産業の振興が盛んである。

行事・祭礼と芸能の特色

　紀の川流域と南紀では、地形・風土と歴史的な生業の変遷が違う。したがって、行事・祭礼にも違いが生じている。端的にいえば、紀の川流域では農耕儀礼の定着をみるが、南紀の海岸部では海岸信仰の残照をみる。

　伝統的な芸能でいうと、田楽・田舞が、これは全県下でみられる。国指定の重要無形民俗文化財だけでも、那智の田楽（東牟婁郡）・花園の御田舞（伊都郡）・杉野原の御田舞（有田郡）がある。

主な行事・祭礼・芸能

熊野本宮の祭礼

八咫烏神事　1月7日、熊野本宮大社（田辺市）で営まれる護符に押す宝

印の押し初め式。国家安泰・万民除疫を祈願して整えた和紙の護符「牛王神符」（お烏様）を神前に献じて祓い清め、神門に立てた門松の黒松でつくった宝印を押して神霊を吹き込むもので、別名「宝印神事」ともいわれる。

　神事は、午後5時から拝殿にて営まれる。神職が、松明の火と忌水で清めた後、照明を消した拝殿の中で、「えーい」という掛声とともに宝印を芯柱に押す。そして、護符にも押印する。その後、参拝者も半紙に宝印を押してもらい、1年の無事を祈願するのである。

熊野本宮祭　4月15日、熊野本宮大社で行なわれる例大祭。それに先立って13日に湯登神事と宮渡神事が行なわれる。

　湯登神事は、宮司以下の神職、氏子、神楽人、稚児、氏子総代などの関係者が湯の峰温泉に出向き、湯垢離による潔斎を行なう行事である。その後、湯の峰王子神社で、祭典と八撥神事と呼ばれる稚児舞楽（稚児が小鼓を打ちながら笛の音と神歌にあわせて舞う）を行なう。これは、稚児に神霊を憑依させる舞とされ、神霊が降臨したことを表わすために舞の終了後には稚児の顔に「大」の字を記す。夕刻からの宮渡神事では、本殿で祭典の後、旧社地の石祠の前で祭典と八撥神事を行ない、音無川を渡って真名井社へ向う。そこでも、祭典と八撥神事が行なわれる。

　15日は、神輿が御旅所（旧社地）に渡御する。これを「お渡り」という。御旅所において稚児の八撥神事と早乙女による御田植式などが行なわれる。その後、男子誕生の家から献じられた菊の花（造花）を投げる。参詣者たちがそれを奪い合う。この花は福を招くと信じられており、かつてはそれを田に挿すと虫害から田を守る、とされた。また、花は実りの予兆であることから、秋の収穫を予祝する意味があったと考えられている。終わると、神輿を昇いて本社に還る。このとき、大勢の若者が昇きあげて高く低く右に左に回り、数時間も昇き回ったあと遷座するのである。

那智火祭　7月14日に行なわれる、那智神社（東牟婁郡）の夏まつり。松明神事が行なわれことから、この名で呼ばれる。また、扇神輿が本社から那智ノ滝の前にある飛滝神社に渡御し、12本の大松明がそれを迎えることから、「那智扇祭」とか「扇会式」とも呼ばれる。

　当日は、まず本社にて大和舞・田楽舞・田植舞が奉納される。その後、扇32本飾りつけた扇神輿12基が渡御、それを清める松明行事が行なわれ

Ⅲ　営みの文化編　　105

る。神輿と松明の動きが勇壮で、まつりのみどころとなっている。その後、御旅所にて御滝本祭、田刈舞が行なわれたあと、還御祭となる。

そこでみられる那智田楽は、シテテン・びんざさら・太鼓・笛の四役11人によって行なわれ、乱声・鋸歯など22種ほどの古風な演技が残されている。古くは、熊野三山ともに伝えていたというが、現在は那智神社のみとなっている。

丹生の笑い祭

10月10日に行なわれる丹生明神（日高郡）のまつり。丹生明神は、現在は正八幡神社に合祀されている。昔、祭神の丹生津媛命が寝過ごして出雲の神々の集合に遅刻して笑われたとの故事に由来するといわれ、当日集まった氏子たちがこぞって笑うことからこの名で呼ばれる。

当日朝、上江川に集合した氏子たちは、そこでまず笑いの挨拶をし、神輿を迎えて祭典を行なう。やがて、笑い爺という大黒が、「笑」の紋のついた衣装で登場し、「さあ、めでたい、お笑なさい」といいながら踊る。終わると、神輿を先頭に角燈・傘鉾・天狗・鬼・大幟・太鼓・笛・武者・屋台・果物餅・子供幟の順に並んで正八幡神社に行く。途中の道々で、天狗や鬼のささら踊りがある。社前に着くと、古老が、「さあ、お笑いなされ、毎年のようにお笑いなされ」と叫び、一同それに応じて高らかに笑う。同様の例は、熱田神宮（名古屋市）の酔笑人神事などにもみられる。

これは、神が笑うことを好み給うたとする古代人の思考から生まれた作法であろう。

熊野速玉大社御船祭

10月15日・16日に行なわれる熊野速玉神社（新宮市）の例祭。15日に神馬渡御式、16日に神輿の海中渡御が行なわれる。

神馬渡御式は、宮司以下まつりの関係者が阿須賀神社へ向かい、拝殿内で唐鞍を置いて神馬を飾りつけ、神霊を迎える。神霊を乗せた神馬が大社に戻ると、祝詞・神楽を奏上して神幸式を執り行なう。その後、宮司が神馬に再び神霊を迎え、神官・楽人・神楽人など200名にも及ぶ行列を引き連れ、権現山西北にある杉ノ仮宮（御旅所）へ渡御する。そこで松明の明かりのなか、祝詞を奏上。神楽を奉納。儀式が終了後、夜闇のなか、神霊を奏じて大社に戻る。

16日は朝から祭員が神輿・神幸船・ヒトツモノ（萱の穂12本に午王12

枚をはさんだものを腰にさし、金襴の狩衣を着た人形を飾馬に乗せたもの）などの祭具の準備を進める。午後からは、神輿の海中への渡御が行なわれる。旗、ヒトツモノ・鉾・御幣、楽人・神職・神輿・神職・楽人・神楽御子の順に神社を出て熊野川へ行き、神輿を神幸船に移し、神職と楽人が斎主船に乗り込む。神幸船と斎主船をさらに諸手船（赤衣女装の者が一人権を持って立つ）が引いて御船島に向かい、これらをさらに9隻の早船が先導する。途中牛ノ鼻という急流を過ぎたところで、早船の競漕がはじまる。早船は、御船島を右回りに3周して勝負を競い、乙基河原に着岸する。その後、諸手船以下の3隻が御船島をゆっくりと2周回る。このとき、諸手船の女装した者が手を上げて招く仕草で「ハリーハリー」と唱える。次いで、御船島から神職が扇子をかざしてあおぐと、9隻の早船が再び競漕をはじめる。今度は、御船島を左から2周回って大社裏手の川岸に向かう。一方、神幸船と斎主船は乙基河原に上陸する。神輿とともに神職ら一行は、御旅所へ渡御し、夜闇のなか大社に還る。

　この「早船競漕」は、源平合戦で活躍した熊野水軍の勇姿を彷彿とさせるものであり、和歌山県指定の無形民俗文化財となっている。

ハレの日の食事

　行事日には、俗にいう「くされずし」をよくつくる。サバの熟ずし（紀北）、アユ・ハヤの熟ずし（南紀）など、いずれも乳酸発酵させてつくる保存食である。

　そのほかに、腐敗防止作用のあるカキの葉で巻いた柿ずし（紀の川筋）、甘酢でしめたタチウオと柑橘系の酢飯をヨシの葉で包んで味をなじませた太刀魚ずし（由良地方）、とろろとサワラでつくる縄巻きずし（田辺市）などもある。

　白鬚神社（日高町）のクエ祭り（9月下旬～10月上旬）には、この地区で最上の魚とされるクエを神に供えて、それをおろしてから刺身や洗い、鍋料理の具として食する。

　正月や地蔵祭り、雛まつりには、サツマイモを練りこみ、それで粒餡を包んで芋餅にし、きなこをまぶして食した。

寺社信仰

高野山金剛峰寺

寺社信仰の特色

　和歌山県には熊野信仰の総本社がある。田辺市の熊野本宮大社、新宮市の熊野速玉大社（熊野新宮）、那智勝浦町の熊野那智大社がそれで、熊野三山と総称される。もともとは独自の信仰を有していたが、10世紀後半に相互に祭神を合祀して熊野三山の信仰を確立し、全国から「蟻の熊野詣」とよばれる参詣を集めた。熊野の神木は梛で、三山には巨木が多いが、特に速玉大社の梛は日本最大で、国の天然記念物に指定されている。

　那智大社の例祭は〈那智の扇祭り〉†（那智の火祭り）として知られ、日本三大火祭に数えられ、そこで奉納される〈那智の田楽〉†はユネスコの無形文化遺産に登録されている。隣接する那智山青岸渡寺も国名勝那智大滝への信仰を基盤に成立した。西国三十三観音巡礼の打ち始め札所であり、西国02紀三井寺・同03粉河寺とともに紀州三大霊場と称されている。

　県内には空海が開いて入定した高野山もある。日本総菩提所や真言宗総本山と崇められ、日本三大霊場の一つとして大勢の巡礼者を集めている。高野山金剛峯寺は高野山真言宗の総本山でもある。岩出市の根来寺は高野山から大伝法院などを移して創建され、日本三大名塔に数えられる多宝塔があり、現在は新義真言宗の総本山となっている。

　なお、熊野三山や高野山への巡礼の道々は、2004年に登録された世界遺産「紀伊山地の霊場と参詣道」の中核となっている。

　県内で最も多くの初詣客を集めるのは和歌山市の日前國懸神社である。紀伊一宮とされ、同一境内に日前神宮と国懸神宮の2社がある。同市の伊太祁曽神社も紀伊一宮とされ、木の神である五十猛命を祀り、古くは木国とよばれたともいう紀伊国を代表する社である。かつらぎ町の丹生都比売神社も紀伊一宮とされ、3社はいずれも名神大社であった。

　和歌山市の加太にある淡嶋神社はアワシマ（淡島／粟島／淡嶋）信仰の総本社とされ、針供養や人形供養、雛流しの民俗でも有名である。

凡例　†：国指定の重要無形／有形民俗文化財、‡：登録有形民俗文化財と記録作成等の措置を講ずべき無形の民俗文化財。また巡礼の霊場（札所）となっている場合は算用数字を用いて略記した

主な寺社信仰

山路王子神社

海南市下津町市坪。岳山の北麓に鎮座。山路王子・応神天皇・天照皇大神を祀る。岳山（明神の森）の山頂に鎮座する島姫神社は境外社となっている。古くは一壺（市坪）王子と称され、10世紀以降、皇族が熊野三山へ参詣する途上で拝した熊野九十九王子の一つであった。境内には瑠璃光山安養寺があったが、明治維新で廃され、今は鐘堂が残るのみである。10月第2日曜日の例祭には神事の後に〈山路王子神社の獅子舞〉と〈山路王子神社の奉納花相撲（泣き相撲）〉が営まれる。獅子舞は7人立ちで、2人の鬼役が獅子をあやして舞う。花相撲は氏子男児が裸に赤い褌を締めて土俵に上り、無病息災を願って取り組むもので、多くの赤子が元気一杯に泣き声を響かせるのが大人たちの歓声をよぶ。土俵の土を背中に付けることで丈夫に育つと言い伝えられている。

西熊野神社

和歌山市西。福飯ヶ峯の南東麓に鎮座。熊野速玉男命・与母都事解男命・伊弉册命の3神を祀る。雄略天皇9年に新羅で戦死した紀岡前来目連が岡崎を領して城山に居住していた時に鎮守の神として熊野の3神を勧請したのが始まりという。熊野十二社権現と崇められた。十二社とは天神7代と地神5代の神であるという。例祭は10月8日に営まれる。8月14日には境内で納涼おさらい会があり、盆踊として〈団七踊〉が披露される。団七踊は岡崎地区一円の鎮守の杜や境内で行われる口説踊で、18世紀頃に岡崎の郷士が江戸で白石女敵討の歌舞伎を観て感動し、その物語を謡と踊に仕組み、以来連綿と受け継がれているという。薙刀を持つ姉の宮城野と、鎖鎌を持つ妹の信夫が13年の修行の末、刀を持つ悪代官の志賀団七を討ち取り、父与太郎の仇討を遂げる様を輪になって踊る。

王子神社

紀の川市東野。南海道（大和街道）の高野辻に鎮座。春日造りの社殿に天忍穂耳命を祀る。古くは熊野権現の若王子を祀り、若一王子権現社と称し、粉河寺領東村の鎮守で、隣接する天台宗王子山小松院（北松院）が宮寺であった。若一王子は丹生明神とともに西国03天台宗粉河寺の鎮守であった。例祭は10月17日で、2月11日には名附神事を行っている。名附とは旧暦1月11日に般若蔵とよばれる

Ⅲ 営みの文化編　　109

土蔵から、長帳・神株帳・名附帳などとよばれる巻物を取り出して、前年に宮講へ加入した人の名を記入する民俗で、1478年以降の〈名つけ帳・黒箱〉†が現在も伝承されている。長帳は今では長さ80mを超えている。黒箱は村中第一の宝とされ、260通を超える王子神社文書が保管されていた。紀ノ川流域では村の重要文書を黒塗りの木箱に保管して次世代へと継承する民俗が盛んである。

遍照寺（へんじょうじ）

かつらぎ町花園梁瀬（はなぞのやなせ）。有田川（ありだがわ）上流北岸に建つ。高野山真言宗（こうやさんしんごん）。42歳の空海が厄除けに地蔵菩薩と不動明王（ふどうみょうおう）を刻んで庵に安置したのが始まりと伝え、その際、飢饉（ききん）で苦しむ村人に不蒔菜（まかずな）を教えて救ったことから不蒔菜山と号したという。南紀からの高野山参詣道が集まる花園は高野山座主済高の仕丁久曽丸（ざすさいこう しちょうくそまる）が開いたと伝え、高野山諸堂社への供花（樒）（くげ しきみ）を奉献してきた。〈花園の仏の舞〉‡は高野山参詣の勧進で始められたとされ、法華経の提婆達多品（だいばだったほん）が説く女人成仏を60年ごとに演じてきた。隔年の旧暦1月8日頃には大日堂（だいにちどう）で〈花園の御田舞（おんだまい）〉†が奉納される。日本各地の御田舞（田遊び）はほとんどが田植で終わるが、田刈（たかり）や籾摺（もみすり）など収穫までの全過程を演じる。大晦日夜に対岸の下花園神社（丹生高野四所明神）（にう こうやししょみょうじん）で行われる〈たい松押し〉は田舞の鬼定め祝を兼ねている。

岩倉神社（いわくらじんじゃ）

有田川町粟生。高野山参詣道沿い、有田川と四村川の合流地に鎮座。社頭には高さ48mの巌がそびえる。岩倉山に金幣を勧請し、聖武天皇大明神（しょうむてんのう）を祀ったのが始まりという。後に空海が大日如来を刻んで安置し、丹生（まりした）・高野の両宮や摩利支天（かんじょう）を勧請して岩倉大明神と称したという。真言宗光明山医王院東福寺が別当であったが廃寺となり、国重文の薬師堂のみが浄土宗光明山地福院吉祥寺の隣に残る。薬師堂は1437年に岩橋内匠が建立し、町内の浄土宗聖聚来迎山歓喜寺（しょうじゅらいごう）から薬師如来・大日如来・観音菩薩・不動明王・毘沙門天（びしゃもんてん）の各仏像（すべて国重文）を勧請安置したという。薬師堂には〈粟生のおも講と堂徒式（おもかぶ どうとしき）〉†が伝承されており、毎年旧暦1月8日に草分けの主株13戸が岩倉大明神・大日如来・薬師如来・観音菩薩を祀り、数え年3歳児の村入を祝って三三九度（さんさんくど）の盃を交わす。

雨錫寺（うじゃくじ）

有田川町杉野原（すぎのはら）。宝雨山慈雲院と号す。高野山真言宗。高野山に発する有田川沿い、字中村番の段丘上に建ち、杉野原の菩提所（だいしょ）となっている。本尊は木造不動明王座像で1369年銘がある。国重文

110

の阿弥陀堂は1514年の再建とされ、平安時代の阿弥陀如来座像と、1713年に正賢房らが勧請した西国三十三所観音像を安置する。正賢房は当寺の弟子で、1698〜1705年に西国巡礼を33度終え、1712年には日本廻国六十六部も行じ終えている。隔年の2月11日には阿弥陀堂内陣を舞殿として〈杉野原の御田舞〉†が奉納される。柴燈の周りで男たちが勇壮に行う裸苗押しを皮切りに、春田起こしから籾摺りまでの米作の全生産過程を数時間にわたって狂言風に模倣し、その年の豊年満作を祈願する。昔は旧暦1月6日に昼夜2回修したが、現在は昼の1回のみで、初午会式（大投餅）を兼ねている。

広八幡神社

広川町上中野。『稲むらの火』のなかで避難先となった高台の麓に鎮座。祭神は河内国の誉田八幡宮または由良町の衣奈八幡神社から勧請されたという。1413年までは町内前田の津木八幡神社の地にあったと伝え、同社は本山（本座）八幡とも称されている。勧修寺末の仙光寺明王院が社僧を勤め、境内には多くの仏堂があったが、神仏分離で漸次取り払われ、国重文の鐘楼は上中野の法蔵寺へ、西門は町内広の安楽寺へ、1951年には多宝塔が原爆犠牲者供養のため広島市の三滝寺へと移された。国重文の本殿・拝殿・楼門は現存する。例祭は10月1日で、古雅な〈広八幡の田楽〉‡（しっぱら踊り）が舞殿で、東海道五十三次を表すという〈乙田の獅子舞〉が天神社（国重文）の前で、それぞれ奉納される。

小竹八幡神社

御坊市薗。神功皇后が忍熊王の討伐に際して宮を置いた小竹（芝怒）に応神天皇を祀ったのが始まりと伝え、1kmほど北に旧跡の元宮と祝塚がある。1585年に戦火で焼失したが、1678年に紀州藩祖徳川頼宣の薗御殿跡（現在地）に再建されたという。神殿が東を向くのは神占によると伝える。旧御坊町唯一の神社で、2万人もの氏子を擁する人社である。10月5日の例祭は県央部最大の祭で御坊祭と親しまれ、「人を見たけりゃ御坊祭」と称される賑わいをみせる。放生会の流れを汲む奴祭で、奴踊や獅子舞、四ツ太鼓などの神賑行事が奉納される。老若男女7、80人が別院堂前と御旅所で踊る〈戯瓢踊〉‡は鉢叩きの遺風とみられ、その呼称はケボン（毛坊主）の転とも瓢を叩く音ともいわれる。〈御坊下組の雀踊〉は京舞の派生で、奴装束の男たちが雀の姿を表しながら踊る。

Ⅲ　営みの文化編　　111

大潟神社
おおがた

田辺市新庄町。名喜里地区奥の山頂に鎮座。本殿に天照大御神ほか16神を祀り、境内に大土神社と馬目神社を祀る。昔は山麓の熊野街道大辺路に面して若一王子社と称した。1868年に現称とし、1877年に村内5社を、1909年に近隣8社を合祀、1941年に皇紀2600年を記念して現在地に遷座した。例祭は10月25日であったが、1941年に11月10日、1984年に11月3日とされた。巫女の里神楽や湯立神事があり、前日には獅子舞が戸ごとに地下舞わしをして回り、花笠と子ども神輿の先導で御宮へ御渡をし、幣の舞を奉納する。7月14日には〈名喜里祇園祭の夜見世〉‡が行われる。各家が動物や世相に取材した出し物を野菜や草花で趣向を凝らして製作し、軒先や玄関先に飾って披露するもので、近郊から多くの見物人が訪れて賑わう。茗荷でつくった甘烏賊や茄子でつくった鯨などが目を楽しませる。

吉祥庵
きっしょうあん

田辺市本宮町大瀬。臨済宗。高倉山馬頭観音と親しまれる。現在は無住で、同町下湯川の淵龍寺が法要を司る。四村川沿いの旧国道から山中へ分け入った平という集落にあり、三体月観月の地に建つ。昔から旧暦11月23日には熊野権現が3体の月に乗って熊野本宮大社大斎原の一位樫の梢に舞い降りるのが見えると伝える。1929年に県道が通る以前は70戸あった平も1975年には0戸となった。壇ノ浦で敗れ逃れた平清武の一族が皆根川上流の大谷に住み着き、愛馬の霊を弔うために馬頭観音を祀り、大瀬の守護神としたのが始まりという。大祭は1月18日の初観音で投餅もある。境内には三峰神社の祠などがあり、平家一門の冥福を祈るために奉納されたという8月14日の〈大瀬の太鼓踊〉‡も、昔は境内で行われた。

古座神社
こざ

串本町古座。古座川の河口に鎮座。古座は漁業の町で、昔は沿岸捕鯨で栄え、紀州藩の鯨方役所が置かれた。若宮八幡宮と称されたが、1915年に河内島の河内神社（素盞嗚尊）を、1920年に西向浦の住吉神社・若宮龍王社・衣美須社を合祀して現称とした。例祭は旧暦8月15日に近い日曜日で、角力・獅子舞・天狗舞などが奉納される。夏の例祭は7月24〜26日（昔は旧暦6月初丑日）で、〈古座の御舟祭〉‡とよばれ、〈河内祭の御舟行事〉†が営まれる。漁家（沖の人）の青年（勇進会）が鯨舟を象った御舟に河内大明神の神額を載せ、河内会（勇進会退会者有志）が御船唄を歌うなか、川を3kmほど遡上した所の川中

にある河内島へと遷し、島を右回りに3周する。島は全体が神体とされ、河内様と崇められる。漁家以外（陸の人）の青年（青年会）は区内の家々を回り獅子舞を奉納する。

熊野速玉大社

新宮市新宮。木材の集積地としても栄えた熊野（新宮）川河口に鎮座。神倉山のゴトビキ岩から遷座したという。第一殿（結宮）に熊野夫須美大神（千手観音／伊邪那美神）を、第二殿に熊野速玉大神（薬師如来／伊邪那岐神）を祀る。日本第一大霊験所、根本熊野権現と崇められ、熊野三山や熊野水軍を統括する熊野別当は新宮に置かれた。祭礼は〈新宮の速玉祭・御燈祭り〉[+]が知られる。速玉祭は大祭で、10月15日に神が馬に乗って蓬莱山の阿須賀神社や杉ノ仮宮へ渡御し、翌日の御船祭では一ツモノとよぶ人形を載せた馬に先導されて渡御し、神幸船に遷された神が御船島を3周する。御燈祭は2月6日で、神倉山で熾された神火が、白尽くめの衣装で白尽くめの食事をとった男たちの松明に分かたれ、あたり一面火の海となり、やがて一斉に山から駆け降りて火の滝をみせる。

Ⅲ　営みの文化編　113

伝統工芸

紀州へら竿

地域の特性

 和歌山県は、紀伊半島の西部に位置する。北側は和泉山脈に沿って紀の川が東西に流れ、和歌山平野から紀伊水道に注いでいる。有田川、日高川、富田川、日置川が、南方の紀伊山地に源を発し、紀伊水道に向かって流れている。紀伊水道沿岸はリアス式海岸で、日高川河口から南は太平洋沿いに海岸段丘となっている。県域の約8割は山地で、温暖多雨な気候の影響を受け、スギ、ヒノキ、アカマツなどの森林に覆われている。

 古代の和歌山は、「木国」と記されるほど、材木を供給し、そのほかにアワビなどの海産物も朝廷に献上したとされる。天皇や貴族は、海のない平城京や平安京から和歌浦を訪れていた。朝廷の力が弱まると、寺社や貴族の荘園が形成された。武士よりも土豪や寺社が力を得た。雑賀衆は鉄砲を擁して石山合戦で織田信長と対峙したが、豊臣秀吉に敗れ、秀吉は1585（天正13）年に若山城を築城した。浅野氏を経て1619（元和5）年に徳川家康の十男徳川頼宣が封じられた。親藩紀州徳川藩55万5000石、御三家となり、藩主は徳川吉宗のように将軍に就くこともあった。

 豊かな森林は、和歌山各地に製材業を発達させた。有田川流域は、ミカンやウメで名高い。勝浦市や串本町など良港も多く、漁業の基地となり養殖も行われている。第二次世界大戦後は、重化学工業も発達している。

伝統工芸の特徴とその由来

 海南市黒江の「紀州漆器」は、紀州檜を求めて定着した木地師に起源があるとされる。紀州檜は、年輪が狭く丈夫で色艶がよいため、木工に適しており、今も高野山などの優れた苗を選び、間伐を行って下草による保水力を高め、山を守りながら育てられている。鎌倉時代に根来寺の僧徒がみずからつくった朱漆の器は、長年の間に朱の下の黒が出てくる「根来塗」

の由来となった。

　コウヤチクはヘラブナ釣りの竿の重要な材料である。大坂の竿師がコウヤチクの産地に近い橋本で「紀州へら竿」をつくり始めた。野上（紀の川市）では、シュロの栽培が盛んに行われ、実用と意匠ともに優れた「棕櫚箒」がつくられてきた。江戸時代の和歌山は、表千家とのかかわりが深い紀州徳川家の城下町、全国有数の都市であり、キリを用いた「紀州箪笥」が製造販売されていた。富田川の中流域にあたる岩田川は、中世の熊野詣の道に熊野の霊域から流れ出ている川である。熊野に詣での証として、旅人にもち帰られていた那智黒石に由来する「那智黒硯」も和歌山の伝統工芸の一つである。落差日本一の那智の滝や白浜などの絶景や温泉を巡る旅に出れば、紀州の文化に育まれた手の技もみることができる。

知っておきたい主な伝統工芸品

紀州漆器（海南市）

　紀州漆器は、初めに漆下地を施し、次いで黒漆で中塗りをし、最後に朱漆で上塗りをする。長年にわたって使ううち、表面が摩滅し、中塗りの黒漆が表面に露出してくると、独特の風合いになるところに特徴がある。

　海南市北西の「黒江地区」を中心に生産されているため「黒江塗」ともいわれる。室町〜戦国時代に、近江系木地師集団がこの地に住みつき、豊富な紀州檜を木地に椀をつくり始めた。椀木地に渋下地を施し、その上に漆を塗って仕上げる渋地椀という素朴な漆器で、庶民の日用品としての需要が多かった。これに加えて「根来塗」も起源の一つとされる。1288（正応元）年に建てられた根来寺の僧兵が、自分たちの使う膳や椀など堅牢なものを製作した。1585（天正13）年、豊臣秀吉の紀州攻めによって寺が滅亡、僧兵たちも四散したが、難を逃れた僧が黒江に潜伏し、漆工としてその技術・技法を伝え、茶道の流行とともにその雅趣が珍重されるようになった。

　1826（文政9）年、小川屋長兵衛が根来塗と類似の漆下地を施す方法を導入し、折敷や堅地板物が、また安政時代には蒔絵による加飾もなされるようになった。徳川御三家の紀州藩の保護のもと、黒江塗は江戸・京・大坂を中心に、瀬戸内、西国にまで販売、繁栄した。こうした繁栄は、椀や盆などさまざまな素地をつくる木地師、下地を施す職人、漆を塗る職人、蒔絵師、問屋など、分業体制がしっかりとできたからでもある。明治時代以

Ⅲ　営みの文化編　　115

降は藩の保護がなくなったが、海外に販路を見出した。特にイギリスではジャポニズムの流行もあり、比較的安価な黒江漆器が好評だった。

　もともと庶民への普及を背景に発展した産地のため、1955（昭和30）年代以降は、プラスチック素地や吹き付け塗装、シルクスクリーン技術を積極的に導入し日用品の大量生産を始めた。安価で壊れにくい製品が市場に大量に出回り、生産量も急増した。しかしその後、漆器市場は飽和状態になり、バブル以降はより安価な中国や東南アジア製品に押され、産地の規模は縮小した。大量生産に舵を切ったことで、木地に漆を塗る伝統の技術で製品をつくる職人がいなくなり、後継者不足も起きている。最近は環境問題からプラスチック製品に対する批判もある。危機感から若手の職人の育成に取り組みながら、先端の技術を取り入れたり、デザイナーと組むなど、従来品に捉われずに新たな活路を見出そうとしている。

紀州箪笥（和歌山市）
きしゅうたんす

紀州箪笥の特徴は、軽くて、キリ本来の湿ったときには湿気を吸い、乾いたら放出する性質を活かした丁寧なつくりと、端正な仕上がりがもたらす高級感にある。しかし、最高級の和家具の需要は限定されてきており、将来に向けてキリの特徴を活かした新たな取り組みが始められている。

　ある企業では、伝統的な「身を焼いて中身を救う」桐箪笥の技法で、現代生活に響く優しい色彩の桐の家具を製造している。また、美しいだけでなく、驚くほど薄く、口当たりのよい桐のビアカップで、キリと技法に注目を集めた企業もある。

　紀州では、100年前には箪笥がつくられていたと考えられている。1844（天保15）年の粉河の庄屋の文書に、婚礼仕度の「箪笥一本和歌山で買う」ということが記されていた。また、画家であった紀州の川合小梅の『小梅日記』（1862（文久2）年）に「三丁目へ箪笥見に行く」とある。江戸時代につくられたとされる箪笥も数点発見されている。明治時代には、大阪を商圏として発達し、南海鉄道の開通により一層発展してきた。

　キリの柔らかな質感、色調、木目の美しさ。湿気の調整を行う恒湿性、伸縮や狂いが少なく、軽いこと。このいずれもが、箪笥の材料に好適なものである。木の国ともいわれた紀伊国、すなわち紀州では、高野檜や奈良の吉野杉、そしてキリなどの木材の集積地であった。ここに箪笥や家具の製造が始まったのは、当然であったとも思われる。

紀州へら竿 (橋本市)

紀州へら竿は、竹を組み合わせ、漆を塗って仕上げる、ヘラブナ専用の釣竿である。釣りは「フナに始まりフナに終わる」といわれたりする。解釈の一つに、釣りは初心者でも容易に釣れるマブナから始め、上級者は、警戒心が強いため難しいが、奥の深い釣りを楽しめるヘラブナを狙うという説があるという。特に、湖や川で自然に育ったヘラブナを釣ることは難しく、自然と遊ぶ釣りの醍醐味が味わえるという釣り人も多いようである。普通20〜30cmのヘラブナを優美な竹竿を構えて待ち、掛かったときには魚の動きを感じながら引き合うことができるという。

紀州へら竿には、マダケ、コウヤチク、ヤダケの3種類のタケを使う。穂先 (竿先) はマダケ、穂持ち (2番目) はコウヤチク、3番目以降や元 (手元) はヤダケを使うのが一般的である。3尺 (約90cm) ほどの長さのものを、3〜5本組み合わせる。竹は炭火で炙り、「ため木」という道具を使って癖を直す。穂先は、削って形を整え、元の握りは、フジを巻いたり、漆の変わり塗りや螺鈿を施すなどして加飾する。つくり手は、タケを切り出し、竿の構成を決めてから仕上げまでをほぼ手づくりで、一人で行う。

ヘラブナ専用の竿は、1882 (明治15) 年、大阪市に創業した初代竿正によってである。後に、技術技法を確立した竿正が、コウヤチクの産地に近い和歌山県橋本市に移住し、紀州での製造が始められた。昭和時代初期のヘラブナ釣りブームもあり、愛用者が増した。1988 (昭和63) 年に和歌山県の伝統的工芸品に指定され、2013 (平成25) 年には国の伝統的工芸品に指定された。

保田紙 (有田郡有田川町)

紀州手漉き和紙「保田紙」の特徴は、「かんご (コウゾ)」にトロロアオイからつくる糊を混ぜ、漉き簀で漉き、紙板に1枚1枚貼り、天日で乾かすという伝統のままにつくることにある。「体験交流工房わらし」において、手漉き和紙をつくり、便箋、はがき、封筒、団扇などの製品を扱い、抄紙体験などの普及活動も実施している。

保田紙の発案者は、江戸時代初期に、紀州徳川家初代藩主徳川頼宣である。有田川の清水地区にみられるコウゾを用いて紙業を興すことを、山保田組の大庄屋笠松左太夫に命じた。抄紙法を導入することができないので、困った左太夫は、村の美男3人を吉野 (奈良県) に送り、紙漉きのできる女

性と結婚して戻ってきたところから紙漉きを始めたという話が伝わっている。

　江戸時代に清水から3軒で紀州藩に納めていた保田紙は、次第に強く白い上質な紙となり、特に和傘の産地であった海南へ傘紙として出荷された。最盛期の1945（昭和20）年頃には紙漉き屋が400軒にもなったという。1953（昭和28）年、有田川の氾濫で産地は壊滅的被害に遭い、洋傘の普及もあり、1965（昭和40）年代には廃絶の危機に瀕したが、1979（昭和54）年に現在の工房の前身が設立され、保田紙は復興された。

那智黒硯（東牟婁郡那智勝浦町）

　那智黒硯は、一度磨れば実感できるという使い心地のよさと、濡れたような漆黒の石の色に特徴がある。那智黒石は、新第三紀中新世の熊野層群から採取される硬質の黒い岩である。大量の炭素を含む堆積岩である水性粘板岩が、噴出した溶岩と接触してできた黒色硅質頁岩と呼ばれるもので、粒子が細かく、磨くことで滑らかな黒色の石となる。

　平安時代にはすでに硯材とされたといわれている。江戸時代には、庭の玉石として使う様子が井原西鶴の小説に出ている。ほかにも、碁石の黒石や置物、アクセサリーなどに加工される。貴重な那智黒石に代えて、粉末状にした那智黒石に樹脂を混ぜ、型に入れてつくる、那智黒成型品も製作されている。現在の那智黒石は、三重県熊野市神川町周辺で採石されている。

　明治時代初期には、那智熊野大社と那智山青岸渡寺への参道に硯を商う店が並んでいたといわれている。硯は名前を彫り込むことができる土産ものとして1960（昭和35）年代頃まで観光客によく売れていた。手彫りの工房は1軒となったが、試し磨りをして納得のゆく硯を選ぶことを基本としているという。那智黒硯への信頼が大切に受け継がれている。

棕櫚箒（海草郡紀美野町）

　棕櫚箒は、棕櫚皮（繊維）でつくる箒である。細い繊維をたくさん束ねた密度の高い穂先と、繊維の束をまとめている銅線や、竹や木製の柄といった天然素材の組み合わせの美しさに特徴がある。もちろん、いつでも静かに、床材を痛めることなく掃除ができ、長年使うことができると、高い評価を得ている実力のある箒である。

　シュロは、ヤシ科の南国風の独特な形の植物だが日本原産で、関東以西

では、庭や公園、道端や藪の中に普通に生えている。枝や幹がなく、真っすぐに伸びた茎の上に、細長い小葉が扇のように集まり、50cm くらいある大きな葉が何枚もついている。茎には、褐色の棕櫚皮が密生し、これが棕櫚箒の原料になる。棕櫚皮の繊維は、細くて弾力があり、耐久性・耐荷性もあり、水にも強いことから、魚網や荷づくり紐、庭園や建築用の縄などに古くから利用されてきた。キッチン用やからだ用のタワシにも使われる。なお、皮の中の茎は硬く、梵鐘の突き棒に用いられている。

　紀州は、室町時代には棕櫚皮の産地であったともいわれ、大正時代末までは、紀の川の支流の野上谷で盛んに生産されていたが、需要の減少によりスギやヒノキの林に置き換えられ、今は、棕櫚箒の材料に輸入したものも使われている。棕櫚箒は、江戸時代後期には、紀美野町あたりでつくられていたと思われる。この地域の特色を伝えるつくり手は数人であるが、先人が高めてきた箒の技法を学び、さらに上質な箒づくりを目指している。

民 話

地域の特徴

　紀伊半島の南西部に位置する和歌山県は、面積の7割以上を森林が占めている。古くから「紀の国」と表記されるが、「木の国」でもある。また、長く入り組んだ海岸線には天然の良港が多く、豊かな幸に恵まれた「海の国」でもある。海上交通が盛んだった頃、交通の要衝として賑わった。

　紀北地域は大阪の商業圏に近く、人口もこのエリアに集中している。東に高野山を拝し、紀の川が西に向かってほぼ直線的に流れる。流域には僧兵軍団で知られる根来寺や観音信仰の聖地である紀三井寺、徳川御三家の面影を残す和歌山城があり、仏教説話や伝説が多く残されている。

　紀中地域は、有田川や日高川下流のやや開けた平野に豊かな自然の恵みを利用して人びとが暮らしを営んできた。熊野信仰が盛んだった時代には、熊野古道の街道沿いの町や村は参詣の人々で賑わった。

　紀南地域は熊野と呼ばれ、神々が鎮まる特別な場所と考えられてきた。その歴史は古く、『日本書紀「神代巻」』には、伊弉冉尊が火の神の出産によって命を落とし、熊野に葬られたとある（イザナミの墓所については、ほかにも比婆山や出雲など各地に伝承がある）。また、世界遺産にも登録された補陀洛山寺は、インドから漂着した裸形上人によって開かれたと伝えられている。熊野は南の果ての辺境の地であると同時に、広く海に向かって開かれた海洋民の地でもあった。

伝承と特徴

　和歌山県の民話は、伝説や世間話に比べて本格的な昔話が非常に少ない。昭和の初め頃までの資料には、200話を超える語り手の記録もあるが、今ではその継承を確認することは困難である。

　北東端には弘法大師が開いた高野山、南部には熊野信仰の聖地である熊野三山があり、参詣の街道筋には数多くの伝説が残る。歌舞伎や浄瑠璃で

演じられる「刈萱」や「道成寺」「小栗判官と照手姫」の物語をはじめ、「弘法伝説」など信仰にまつわる話には事を欠かない。また、1年を通して温暖で、囲炉裏を囲んで昔話を聞くという習慣がないため、むしろ夏の夕暮れに語られるお化け話のように、狸や狐、鬼、天狗、河童などが身近な世間話として語られてきた。こうした伝説や世間話の中には、本格昔話のモチーフが含まれる例がしばしば見受けられる。もともと昔話であったものが、地域の伝説に化したと考えられるものも少なくない。

　和歌山県における昔話の採集の歴史については、『日本昔話事典』や『日本昔話通観 15』などに記載がある。『紀伊半島の昔話』には、すさみ町大谷在住の男性（1902 年生）が数多くの話を残している。また、南方熊楠の『南方随筆』には、昔話や伝説のほか南方自身が聞き集めた俗信などの資料があり、当時の人々の暮らしぶりが垣間見える。ただし、こうした資料はあくまでも限られた地域の定点調査によるもので、和歌山の民話を全県的に把握することは難しい。『きのくに民話叢書（1～7巻）』には、20年以上にわたる県内各地の民話調査の記録が地域ごとにまとめられ、年中行事や俗信などの生活譚も丁寧に記録されている。

おもな民話（昔話）

鴨取り権兵衛　　猟師が池にカモを撃ちに出かけた。数十羽のカモの群れに向かって銃を撃つと、一発で二・三羽に命中し、残りのカモはみな気絶してしまった。腰ひもに数十羽のカモをぶら下げて帰ろうとすると、カモがいっせいに飛び立ち、猟師も一緒に空にまい上がった。高野山の大門の上まで来ると、下で小坊主が飛び降りろと叫んでいるのが聞こえた。猟師が決心して下を向いたが、あまりの高さに驚いて目から火が出て、その火が飛び移って大門が焼けてしまった（『桃山の民話』）。

　話者（1916 年生、男）は、この話を「高野山大門の焼失のいわれ」として語っている。和歌山県の民話には、このように昔話の体裁をもちながらも、地域の伝説として語られている例が多くみられる。

　すさみ町の類話によると、「カモを一度に沢山捕ろうとした男が、一切れの魚に長い紐をつけて池に置く。飛んできたカモがそれを食べ、尻からひった魚を別のカモが食べる。そのカモが尻からひった魚をまた別のカモが飛んできて食べ、次々にカモが紐で繋がる。男が紐をつかまえるとカモ

がいっせいに飛び立ち、男は空にまい上がる。高野山まで飛んでくると、和尚たちがみなでふとんを広げて持ち、ここに飛び下りろと言う。男はカモの首を一羽ずつ絞めて落下する。男がふとんの真ん中へ落ち、周りの和尚たちが互いに頭をぶつけ、頭から火が出て高野山が焼ける」と語る（『紀伊半島の昔話』）。

　話者の戸谷誉雄（すさみ町大谷、1902～75）は、100話クラスの語り手として『日本昔話事典』の巻末に出ている。

　高野山は、開創以来千二百年の歴史の中でたびたび大火に見舞われてきた。994（正暦5）年、大塔に落雷、伽藍御影堂を残して全焼し、壊滅的な被害を受ける。やがて再興した後も、焼失と再建を何度も繰り返してきた。古くは落雷が原因で火事になることも多く、天から降ってくる男の話が、火事のいわれと結びついて語られる点がおもしろい。

芋掘り長者

有田の岩淵に住む男が、山芋を掘って町に持って行き、いろいろな物と交換して暮らしを立てていた。この男の所に鴻池から縁付きの薄い娘が嫁いで来た。ある日、男が日用品を仕入れに町に出掛けるというので、嫁が小判を出すと、男は、こんなものは芋を掘りに行く所でいくらでも出る、と言う。嫁は驚き、小判があれば何でも買えると教え、一緒に行ってみると、男が芋を掘った辺りにたくさんの小判が散らばっていた。それを集めて持ち帰ったのが、後に鴻池家が大財産家になったもとだという（『日本昔話通観15』）。

　この話は、日高郡中津村に伝わる。財閥の起源にまつわる話として半ば伝説のように語られている。有田郡広川町に類話がある。

　有田郡の長者峰の長者が湯浅の町へ買物に行き、川に浮かぶカモに銭を投げた。人々が石を投げればよいと言うと、自分の芋畑には鍬でかき寄せるほど金がある、と言う。それから、芋掘り長者と呼ばれるようになる。京の隅櫓長者から衣装持ちの嫁が来る。土用干しをすると淡路島まで輝いたので、漁の妨げになると言われる（『南紀土俗資料』）。

水ひょろ

病気の母親が、幼い娘に赤い綺麗な着物を着せ、これを着て水を汲みに行ってくれるようにと頼んだ。娘は水を汲みに出かけたが、水面に映る自分の姿に見とれ、ときの経つのを忘れてしまった。気がついて急いで水を汲んで帰ったが、家に戻ると母親はすでに死んでいた。母親に水を飲ませずに死なせてしまったことを嘆き悲しんで、娘

は鳥になって鳴いている。雨が降りそうになると、木の上でヒョウロヒョ
ロと鳴くのだ（『熊野・中辺路の民話』）。

　「水乞鳥」という昔話である。水ひょろは妖怪の類とされているが、実
はアカショウビンという鳥のことである。カワセミ科の真っ赤な色をした
美しい鳥で、ヒョロヒョローと鳴くそうだ。夏の雨が降りそうな薄暗い日
に木の上で鳴く姿は、切なく悲しげだという。山奥の水辺に生息するが、
今ではめったに見られなくなり、自治体によっては絶滅危惧種に指定され
ている。

おもな民話（伝説）

鯨のお礼

　有田稲村の米吉という子どもが、命を助けてやった鯨の背
に乗ってアメリカへ渡り、そこの森の神さまから巨木をもら
って帰った。「以前、お米をもらったお礼です」。少年はそう言って、ちょ
うど家を建てる木を探していた庄屋にその巨木を贈った。

　これは串本町にある「稲村亭」の起源にまつわる話という（『紀州　民
話の旅』）。

　明治の初め、海岸に流れ着いた巨木を地元の漁師が拾い、先年の飢饉の
折に救われたお礼にと、神田家に贈った。木は、幹回りが1丈5・6尺（約
5m）、長さも同じくらいあったという。稲村亭はこの1本の木で建てられ
た現存する家屋である。流木の出所については調査がなされたものの、結
局はわからなかったそうである。

　串本町は本州の最南端にあたり、ここにペリー来航を62年も遡る1791
年、2隻のアメリカ商船が開港を求めて訪れている。かつては捕鯨で栄え、
海外移住も多いこの地ならではの話である。

狼報恩

　昔、大附に小さなほこらがあり、堂守りの婆が住んでいた。
ある晩、床下でうなり声がして、狼がのどに何かをひっかけて
苦しんでいた。お婆さんがそれを取ってやったら、その狼が、毎晩いのし
し持ってきてお堂に置いていくようになった。お婆さんは、その皮や肉を
売ってお金をため、りっぱなお堂を建てた（『紀伊半島の昔話』）。

　これは、すさみ町大附にある弥勒山福田寺の話として伝わる。狼の届け
物は何年も続き、ついには1,000頭にもなったといわれ、この寺は、千枚
山または狼山とも呼ばれたという。狼は大神に通じるといわれ、かつて狩

Ⅲ　営みの文化編　　123

猟が盛んだったころ、山に暮らす者たちにとっては、恐れ敬う神のような存在であったのだろう。

南方熊楠は、『南方随筆』の中で、「紀州の山神に猴（さる）と狼とあり、猴は森林、狼は狩猟を司ると信じたらしい」と述べている。また『紀州俗伝』には、「西牟婁郡二川村五村等で、狩人の山詞に、狼をお客さま、また山の神、兎を神子供と言う。狼罠に捕わるると、殺すどころではなく扶けて去らしむ」という記述もある。

おもな民話（世間話）

炭焼きと狼

炭焼きが山で炭を焼いていると、毎日傍に狼が来て寝ている。炭焼きは怖くて仕方がないので狼に退（の）いてくれと頼むが、狼はかまわず毎日炭焼きの傍で寝ている。いくら頼んでも狼が退かないので、ある時、炭焼きは、「明日の朝も来るようなら鉄砲で撃つ」と言う。翌朝、やはり狼が寝ているので、約束だと狼を鉄砲で撃ち殺す。その晩、炭焼きが小屋で寝ていると、小屋の壁を破って大きな化け猫が襲い掛かってきた。炭焼きが鉄砲を撃つと、化け猫は逃げ去る。炭焼きは、狼が自分を化け猫から守ってくれていたことに気がつき、知らずに撃ち殺したことを悔いて手厚く狼を葬った。撃たれた化け猫は、それ以来姿を見せなくなる。何年もたって、六里がうねの山の洞穴に体長が六尺もある大山猫の骨が残っていたという（『紀伊半島の昔話』）。

話者は前述の戸谷誉雄翁である。県下には、ほかにも狼にまつわる話が多く残る。夜の山で道に迷うと、狼が道を先導して連れ帰ってくれることがあり、これを送り狼と呼ぶ。無事に山を抜けると狼は姿を消してしまうが、途中で転ぶとたちまち襲いかかってくる。だから、山道では決して転んではならないと言われている。もしも転んだときは、「痛い」とは言わず、「どう、一服しよう」と言って、しゃがんで誤魔化すとよいという。また、夜の山道で送り雀の鳴き声を聞くと送り狼が現れる、という言い伝えもある。

三体月

中辺路の高尾山で修行をしていた修験者が、「十一月二十三日の夜に三体の月を見て法力を得た」と村人に告げた。翌年、幾人かの村人が真偽を確かめようと山に登り、もし三体の月が見えたらのろしをあげることにした。月が出て、里からは一体の月しか見えなかったが、

山では三体の月が出て、のろしが上った（『熊野・中辺路の民話』）。

　『長寛勘文』の中の「熊野権現御垂跡縁起」には、「壬午の年、本宮大湯原（大斎原）の一位木の三本のこずえに三枚の月形にて天降給」とあり、庚寅の年、石多河の南河内の漁師が見つけたと記されている。三体月を見ると願いが叶うという言い伝えもあり、熊野では、今でも毎年旧暦11月23日には三体月を見るために人々が集まり、観月会が開かれている。

コンニャクの貰い風呂

あるとき、見知らぬ男が来て、「灰汁風呂ではないか（灰は入っていないか）」と聞き、「灰汁風呂でない」と言うと、風呂に入っていった。それから毎晩来ては「灰汁風呂ではないか」と確かめるので、家の者は不思議に思い、こっそり灰を入れてみた。いつものように男が来て風呂に入ったが、なかなか出てこない。見にいくと、風呂の中に大きなコンニャクが浮かんでいた（『熊野・中辺路の民話』）。

　昔は風呂のない家も多かったので、近所の人が風呂のある家にもらい湯に来ることがよくあった。類話が美山村（現・日高川町）の民話として「和歌山県ふるさとアーカイブ」に紹介されている。（https://wave.pref.wakayama.lg.jp/bunka-archive/index.html）

一本ダタラ

地域の特徴

　和歌山県は紀伊半島の西南部に位置している。山地が広い面積を占め、紀ノ川、日高川沿いをのぞくと平地は狭い。しかしながら、眼前には海が開けており、紀伊水道に面する出入りの多い海岸の大小の湾入を港として使用し、人々は明治まで陸上交通よりも海上交通に依存し生活していた。

　紀ノ川と有田川の流域、紀北地域の中心、和歌山の城下町は幕末期には人口約9万人に達し、全国第8位の都市であったと推定されている。紀州藩は徳川御三家のひとつとして、文化の育成にも力を注いでいた。1806（文化3）年から30年近くを費やして、仁井田好古を中心として、国学者の本居内遠、本草学者の畔田翠山をふくむ知識人たちに、藩内の自然地理、人口、田畑石高、物産、旧跡、伝承などをまとめさせ『紀伊続風土記』を完成させている。また、紀北の東部の高野町に存在する真言宗の総本山・金剛峰寺は、古くからこの国の仏教文化の中心のひとつであった。このように紀州には紀北地域を経由し先進的な文化がもたらされていた。

　日高川流域から新宮市まで、日高郡と東西の牟婁郡からなる紀南には、熊野詣の人々が多く訪れて各地の文物をもたらした。文学者の佐藤春夫は「国の大部分は深山幽谷で海岸にも河川の流域にも平地らしいものはほとんど見られない」ために「語り伝える話題も山や海だけに限られ、それも怪異の談が多い」と熊野の国を評している（『新潮』53-3）。

　また畔田翠山、南方熊楠のような本草学（あるいは、博物学）に通じた人たちの功績や、和田寛ら和歌山県民話の会などの先人による聞き書きなどの調査成果が残されているおかげで、この地域の妖怪の記録が質量ともに豊富であることは特記しておくべきであろう。

伝承の特徴

　京都、大阪方面から先進の文化が紀州に入ってくる経由地であった紀北

地域には、夜、ある道をはばき（脚絆）をはいて通ると知らぬ間に脱がせてしまう「脛巾脱ぎ」や、後述する「銭筒こかし」「天蓋」など、他地域ではあまり聞かない名や形、行動の特徴をもった妖怪が伝えられているのが興味深い。一方、紀南地域には「一本ダタラ」や「牛鬼」「送り雀」など、いかにも山深い地にふさわしい感じの話が伝わっている。また紀北では河童の仲間を「ガタロ」「ガァタロ」など、京阪神の「川太郎」に類する名でよぶことが多いのだが、紀南では「ゴウラ」「ゴウラボシ」などとよぶことが多く、夏は「河童」だったものが冬に山に入って「カシャンボ」になるといい、紀北と紀南に地域差のあることがうかがえる。

主な妖怪たち

一本ダタラ　　紀南地域に伝わる一つ目一本足の妖怪。古くは『紀伊続風土記』巻之80「色川郷（那智勝浦町、古座川町）」の項に「一踏鞴」の伝承が記録されている。これは強盗、あるいは妖賊とされ、那智山の奥の寺山に住んでいた。熊野三山の神社を襲って宝を奪い、雲取峠を行く旅人をさらうなど悪事を働いたこの賊は、狩場刑部左衛門という勇猛な男によって退治された。刑部左衛門はその恩賞として寺山を得たが、色川郷に寄付し立合地（共同管理地）とした。彼の死後、人々は那智勝浦町樫原の王子権現社に祀った。現在、樫原には大正時代に建てられた刑部左衛門の記念碑が残されている。この怪物の話は牟妻郡周辺に多数分布しており、その名称や姿、特徴は多くのバリエーションを生んでいる。那智勝浦に伝わる「一つたたら」は「身の丈が3丈（約9m）もあり、目が一つで、手も足も一本の化物」で、一つ目を射られて退治されたという（『那智勝浦町史』下）。南方熊楠が紹介する話では、寺の僧侶を取って食う妖怪「一ツダタラ」は鐘を頭にかぶって闘い、矢がつきたという刑部左衛門の嘘に騙され、鐘を脱ぎ捨てたところを実は温存してあった最後の一矢で射倒されたとある（『十二支考』）。田辺市本宮町に伝わる一本足の「一本ダタラ」は大声を上げる勝負を人に挑み、負かされた者は連れて行かれてしまうのだが、耳の中に銃を発射されたときにはさすがに逃げて行ってしまったそうだ。

　以上のような退治譚のなかのキャラクターであるだけでなく、実際に山の中で遭うかもしれない存在として語られることも多く、本宮町には「一

Ⅲ　営みの文化編　　**127**

本タタラ」と間一髪遭遇するところを狼に袖をくわえられ足止めされたおかげで難を逃れたという話があり（『熊野の民俗』）、新宮町には狼がそのうなり声で「一ツタタラ」を撃退し、妖怪に追われていた人を助けた話もある（『和歌山の研究』5）。

牛鬼　畔田翠山は辞書『古名録』の「うしおに」の項で、古典の『枕草子』や『太平記』などの書物にみられる「牛鬼」は中国の「山魈」と同じものだとしたうえで、熊野の言い伝えでは、「牛鬼」は毎年12月20日に山を下って海へ出ると記している。この怪物は足跡が一本足だとされており、彼は一本足の山の神に「牛鬼」の名をあてたようだ。翠山も編さんに関わった『紀伊続風土記』には、田辺市の牛鬼滝で猫のような声で泣く怪物に遭遇した話、三重県の御浜町片川に「牛鬼」を封じる碑が建てられたという話も採られており、翠山たちがこの妖怪に注目していたことがうかがえる。紀南から三重県の東紀州地域にかけては、淵や滝などの水界に棲んで人に害をなす怪物の言い伝えがいくつも伝わっており、それらにも「牛鬼」とよばれるものがある。すさみ町の琴の滝に出る「牛鬼」に影を食べられると死んでしまうといい、古座町の「牛鬼」は美しい女に化けて現れたりする（『和歌山の研究』5）。これらの伝承では「牛鬼」の姿かたちは描写されていなかったり、鬼面牛身であったりとさまざまではっきりとしない。このようなことになったのは、それぞれ異なった怪物に、由緒もあって恐ろしげな名が後づけされたせいではないだろうか。

送り雀　夜雀ともいう。夜道を歩く人の提灯の火にひかれてやってきて、「チ、チ」とか「チン、チン」と小さな声で鳴きながらついてくるもの。夜鳴く鳥は少ないので、怪しい存在だとされる。しかしながら、その鳥の姿を見た者はないとか、実は兎なのだとかいう地域もある（『動物文学』33）。これがついてくるのは人を魔物から安全に守り送ってくれているのだという話がある一方、逆に「送り狼」や魔物の先導をしており、これが現れるのはそれらの出る先触れであるなどともいう。有田郡、伊都郡高野町、田辺市龍神村、田辺市本宮町、中辺路町など和歌山県下の山深い地の各所でいうほか、近接する奈良県吉野郡にも伝わっている。

清姫　清姫は紀伊国牟婁郡真砂の庄司清次の娘であった。熊野詣での若く美しい僧侶安珍に裏切られた彼女は、逃げる男を追いかける。渡し舟に乗せてもらえなかった日高川を、彼女は蛇体に変化して渡る。道

成寺でようやく追いついた彼女は、安珍が隠れた梵鐘を7巻き半して中の男を嫉妬の炎で焼き殺した。

　現在、よく知られている安珍・清姫の物語の粗筋は、おおよそこのようなものであろう。平安時代の『本朝法華験記』以後、『今昔物語集』『道成寺縁起絵巻』や能、歌舞伎、映画、マンガなど、この物語はさまざまに語りなおされている。清姫が変じた姿についても、例えば絵巻物では蛇頭人身、人頭蛇身、龍のような姿と場面によってさまざまに描かれている。書かれた物語と相互に影響を与え合ったはずの口頭伝承でも、蛇になったとするだけでなく、髪がすべて蛇になった姿（『熊野・中辺路の民話』）、半人半蛇（『南部川の民俗』）などと描写される場合もある。

　県下には清姫関連の伝承地が多数存在しており、田辺市中辺路町真砂の周辺には「清姫の墓」、彼女が水浴びした「清姫淵」、蛇身になった彼女がねじった「捻木の杉」がある他、彼女の父母の位牌を伝える寺まであるそうだ。さらに、御坊市には清姫の「袈裟懸松」や「草履塚」も残されている（『紀州の伝説』、『日本伝説大系』9）。彼女の父が黒蛇に呑まれようとしているのを助けた白蛇が、白装束の遍路に化けて現れたのと契ってできた娘が清姫だとする話も真砂には伝わっているという（『熊野中辺路 歴史と風土』）。

コダマ

　『紀伊続風土記』巻之四には、和歌山城下町の北端にあたる宇治地区（現在の和歌山市駅あたり）で起こる怪音現象の記録が残されている。冬の夜、東から西へバタバタという音がたちまちのうちに通り過ぎていくことがあり、霜の降りるような寒い夜によく聞かれるのだという。これは、宇治の「コダマ」とよばれていた。この記事には、怪音を発生させているのが何者か書かれていないので原因者は不明だが、このようにありえないタイミングで聞こえてきて発生源が特定できない低い打撃音は、太鼓などを叩く音であると認識され、天狗や狸の仕業であると解釈されることが多い。県下でも高野町ではそうした怪音を天狗の仕業としており、田辺市本宮町や中辺路町では狸の仕業としている。日置川町では「狸の腹づつみ」と記録されているが、腹鼓が訛ったものであろう。

銭筒こかし

　伊都郡高野町東富貴の宝蔵院近くの路上、大木があり鬱蒼としたあたりで時に聞かれた怪音。夕方や晩遅く、誰もいないのに、ドシャーンと大きな音がしたそうだ（『高野・花園の民話』）。

Ⅲ　営みの文化編　　129

底主人　ソコオズ、あるいは、ソコウズとよむ。日高川の上流地域、田辺市龍神村福井に伝わる川の主である。雨も降らないのに川の水が白く濁ったり、急に赤く染まったりするのを「底主人」が出たためだとこの地域の人たちは理解していた。上流の小森渓谷にある景勝地・赤壺のあたりから現れた蛇体が通ったあとであるともいう（『紀州・龍神の民話』）。この怪物は巨人で、頭は人で下半身は蛇。夏の夜のうちに川底に幅2mほどの白茶けた跡が残されると、これが川を下ったのだと考えた。大正になって下流に発電所のダムができた頃から、この不思議な水の濁りはみられなくなってしまったそうだ（『ふるさと福井』）。

土ほり　80年ほど昔のこと。ある家の奥の間で、誰も何もしないのに、部屋の片隅から片隅へ土がとぶという椿事が起きた。見に行った人によると、土はどこからともなく飛んだそうだ。毎日、掃除して捨てに行かないといけないほどの土がまかれたそうだ。夜道などで狐狸が人に砂をかけたり石を投げたりする話は県下にも伝わっているが、この話は、事件の現場が屋内で、まかれるのが土だとされている点が他とは少し異なっている（『日高町誌』下）。

天蓋薮（てんがいやぶ）　紀の川市貴志川町丸栖（きしがわ　まるす）には天蓋薮とよばれる場所がある。夜おそく、ある人がこの薮のあたりを通ったら、大きな鯉が2匹跳ねていた。つかまえようにもつかめなくて、網をとりに帰ろうとすると、今度は竹薮からぬっと何かが突き出した。よく見ると葬式のときに使う天蓋だった。驚いたその人は近くの家に転がりこんだ。その家の人は、狐の悪戯だろうといったそうだ（『貴志の谷昔話集』）。

肉吸い　美しい娘の姿をしているが、人に触れるとたちまちことごとくその肉を吸い取る。南方熊楠の「紀州俗伝」によると、和歌山と奈良の県境附近の山中に伝わるもので、果無山（はてなし）、吉野郡下北山村あたりで目撃された話があるという。果無山の例では、ホーホー笑いながら近づいてきて「火を貸せ」と言ったそうだ。似たような害をなす存在に龍神村の「カシマンボウ」がある。姿かたちについては伝わっていないが、こちらは「人の皮を引きむいて、かしま（反対）にする」と怖れられていた（『紀州・龍神の民話』）。人の身体を奇妙な方法で損壊するものの話が、紀州の山中に複数伝わっているのは興味深い事実である。

野槌（のづち）　畔田翠山は「野槌」についても著書『野山草木通志』に記録を残している。現在では「ツチノコ」と総称されるこの幻の蛇は「ノウヅチ」「ノーヅツ」（高野町）、「のうずつ」（田辺市龍神町）といった方言名で、近年の民俗資料の中にもその記録を認めることができる。

船幽霊　海上交通と漁撈に大きく頼っていた紀州の沿岸部には、波高い海で遭難し亡くなった者たちの幽霊話が多数伝わっており、それらは火の玉、船舶や人に似た姿かたちで目撃される。日高郡美浜町では「杓くれ杓くれ」と言いながら船を追う怪火を「浦火」とよぶ。西牟婁郡白浜町の四双島（しそ）付近で、毬のような火の玉が現れ、後に大きな無人の船に変化したという江戸時代の随筆からの引用記事が雑賀貞次郎（さいかていじろう）の『南紀民俗控え帖』に紹介されている。この四双島あたりでは、明治になっても、雨や荒れ模様の夜には必ず「幽霊船」が現れたという（『白浜町誌』上）。有田郡では死者は亡くなったときに乗っていた船の姿をみせるので、汽船から身投げした者はその汽船、帆船の場合はその帆船をみせるとされ、これらは雨で荒れ模様の夜に現れる。明治時代に樫野崎（かしのざき）で難破したトルコ軍艦エルトゥールル号の船亡霊（ふなもうれん）を目撃した人もいる（『民間伝承』3-1）。和歌山市の二里ヶ浜沖では、亡霊が化けた漁船に乗り移ろうとして海に落ちてしまったという失敗談が語られている（『和歌山市の民話』上）。人の形をした「船幽霊」については、1861（文久元）年、田辺城下の海上で男女の見分けがつかない「髪をばらりと切りはなった二名のもの」に追われた武士の話が伝わっている（『伝説の熊野』）。みなべ町近海では、時化のときに現れた「船幽霊」が細い手を差し出して「杓をくれ、杓をくれ」と言う。このとき、言われるままに杓を渡すと、その杓で汲んだ水が船に注ぎこまれ沈められてしまうので、幽霊の気配を感じた漁師はすぐ底を抜いた杓を準備する（『和歌山の研究』5）。これらと同様に海上で柄杓を要求する存在でも、大入道のような形をしているものは「海坊主」とよばれることもある（『和歌山市の民話』上、『大辺路日置川・すさみの民話』）。

メヌリ　「メンヌリ」ともいう。和歌山県と奈良県の境にある両国橋などで人に憑く。急に霧がかかったみたいになり、何かを塗られでもしたかのように目が見えなくなる。なぜか夜空の星は見えることもある。油揚げを3枚お供えすると目は見えるようになるという（『高野・花園の民話』）。

Ⅲ　営みの文化編　　131

高校野球

和歌山県高校野球史

戦前圧倒的な強さを誇った和歌山県だが,野球部ができたのはそれほど早くない.県下初の野球部が誕生したのは1905年の耐久中学で,続いて13年に高野山中学,14年に名門和歌山尋常中学(現在の桐蔭高校)に野球部が創部された.15年の第1回大会では和歌山中学が全国大会に進み,28年の第14回大会まで同校が連続出場した.この間,21年夏には4試合全てで16点以上を取り,合計75得点,失点7という圧倒的な強さで初優勝している.24年に始まった第1回選抜大会にも和歌山中学が選ばれ,27年の選抜では優勝した.

29年選抜には海草中学が初めて甲子園に出場し準優勝.以後,和歌山中学と海草中学が甲子園出場をかけて激しく争うことになった.33年選抜には和歌山中学,海草中学,和歌山商業,海南中学と4校が出場.39年からは海草中学が夏の甲子園で2連覇を達成した.

戦後も,48年夏には新制桐蔭高校が準優勝.翌49年選抜で海南高校が復活,50年夏には新宮高校が甲子園に初出場を果たし,以後この2校が強豪として活躍した.さらに,61年夏には桐蔭高校が戦後2回目の準優勝,65年には市和歌山商業が準優勝した.

70年選抜で箕島高校が初優勝.同校は一躍強豪の仲間入りをすると同時に尾藤公監督は名監督として有名になった.77年春2度目の優勝果たすと,89年までの8年間に春夏合せて9回甲子園に出場,優勝3回,ベスト4が1回,ベスト8が2回という成績を残した.

この箕島高校も89年夏の大会で取手二高に初戦敗退,以後県大会で勝てなくなり,10年近く続いた黄金時代にピリオドを打った.

85年春には智弁和歌山高校が初出場.当初は5連敗を喫したが,93年夏に6回目の出場で甲子園初勝利をあげ,翌94年の選抜では初優勝を達成,以後黄金時代へと突入した.平成時代の戦績は全国一である.

主な高校

海南高 （海南市，県立）
春15回・夏4回出場
通算16勝19敗1分

1922年県立海南中学校として創立．48年の学制改革で県立日方実科高等女学校，市立高等家政女学校を統合し，県立海南高校となる．2008年甲子園出場経験のある県立大成高校と統合した．

1925年に創部し，33年選抜で初出場．翌34年春にはベスト4まで進み，夏の2回戦の神戸一中戦では長谷川治投手がノーヒットノーランを達成した．戦前だけで8回出場，ベスト4に2回進出している．戦後も活躍し，2014年選抜に21世紀枠で出場した．

統合した大成高校は春に2回出場し，通算成績は1勝2敗である．

紀央館高 （御坊市，県立）
春3回・夏0回出場
通算2勝3敗

1935年御坊町立御坊商業学校として創立．44年県立に移管し，日高工業学校に転換した．48年の学制改革で県立日高高校に統合される．58年御坊商工高校として再興した．2003年紀央館高校と改称．

1958年創部．御坊商工時代の61年選抜に初出場．81年選抜ではベスト8まで進んだ．86年選抜にも出場した．

高野山高 （高野町，私立）
春1回・夏1回出場
通算0勝2敗

1887年古義真言宗中学林として創立．1908年高野中学林，後に高野山中学校と改称．48年の学制改革で高野山高校となった．

13年に創部し，15年の第1回予選に参加している．66年選抜で初出場．88年夏にも出場している．

向陽高 （和歌山市，県立）
春15回・夏7回出場
通算21勝20敗，優勝2回，準優勝1回

1904年県立海草農林学校として創立し，15年県立海草中学校と改称．48年の学制改革で県立向陽高校となる．

21年に創部し，29年選抜に初出場．同年夏には準優勝し，以後全国的な強豪校として活躍した．戦前に春夏合わせて15回出場．39年夏からは伝説の大投手嶋清一を擁して夏の大会を2連覇，特に40年夏には準決勝・決

勝で2試合連続してノーヒットノーランを達成している．選抜は65年選抜で向陽高校として甲子園に復活．2010年選抜で21世紀枠代表に選ばれて38年振りに甲子園に出場，開星高校を降して初戦も突破した．

市和歌山高 (和歌山市，市立)
春7回・夏5回出場
通算14勝12敗，準優勝1回

1951年市立和歌山商業高校として創立．県立和歌山商業と区別するため，「市和歌山商」と呼ばれた．2009年市立和歌山高校と改称，県立和歌山高校があるため，以後は「市和歌山高」と呼ばれる．

1957年創部．64年選抜に初出場し，翌65年選抜では準優勝．67年選抜2回戦の三重高校戦で野上俊夫投手がノーヒットノーランを達成．その後甲子園からは遠ざかっていたが，94年夏に27年振りに甲子園に復活．以後は常連校として活躍している．

新宮高 (新宮市，県立)
春5回・夏5回出場
通算5勝10敗

1901年県立第二中学校新宮分校として創立し，03年に新宮中学校と改称．48年の学制改革で県立新宮工業学校，県立新宮高等女学校と統合し，県立新宮高校となる．

19年に正式創部．50年夏甲子園に初出場すると，8年間で春夏合わせて8回出場した．54年夏にはベスト4に進んでいる．その後は80年選抜にも出場している．

星林高 (和歌山市，県立)
春2回・夏2回出場
通算2勝4敗

1948年の学制改革で創立し，同時に創部．68年選抜で初出場．続いて夏にも出場し，日大一高を降して初勝利をあげた．90年夏にも初戦を突破している．

田辺高 (田辺市，県立)
春2回・夏1回出場
通算2勝3敗

1896年県立第二中学校として創立し，1901年に田辺中学校と改称．48年の学制改革で県立田辺高等女学校，県立田辺商業学校，市立田辺高等家政女学校と統合して，県立田辺高校となる．

16年創部．47年選抜に初出場，初戦で富田中に22−2と大勝している．48年選抜でも初戦を突破．その後は95年夏にも出場した．OBには野球殿

堂入りした作家・佐山和夫がいる.

智弁和歌山高 (和歌山市, 私立)
春 14 回・夏 24 回出場
通算 65 勝 34 敗, 優勝 3 回, 準優勝 4 回

1978年奈良の智弁学園高校の兄弟校として創立. 野球部は少数精鋭主義をとっている.

79年に創部し, 80年智弁学園高校から高嶋仁監督が就任した. 85年選抜に初出場. 以後甲子園では初戦5連敗を喫したが, 93年夏に初勝利をあげると, 翌94年選抜で初優勝. 以後は全国を代表する強豪校となった. 97年には夏の大会を制し, 2000年夏に3回目の優勝, 1996年選抜では準優勝しており, 90年代から2000年代にかけては圧倒的な強さを誇った. その後は, 2006年選抜で準優勝している.

桐蔭高 (和歌山市, 県立)
春 16 回・夏 20 回出場
通算 45 勝 33 敗 1 分, 優勝 3 回, 準優勝 4 回

1878年和歌山中学校として創立. 80年和歌山尋常中学校, 1914年和歌山県立中学校と改称. 48年の学制改革で県立桐蔭高校となる.

1899年創部. 1915年の第1回大会に出場し, 以後, 夏は14年連続して出場した. 21年から2連覇を達成. 戦前だけで春夏合わせて28回出場し, 優勝3回, 準優勝2回を数える. 戦後第1回の46年夏にも出場し, 48年夏には桐蔭高校として準優勝. 61年夏も準優勝している. 2015年選抜に21世紀枠代表として出場した.

日高高 (御坊市, 県立)
春 3 回・夏 0 回出場
通算 1 勝 3 敗 1 分

1922年県立日高中学校として創立. 48年の学制改革で日高高等女学校, 日高工業学校を統合して県立日高高校となった.

24年創部. 56年春甲子園に初出場し, 滑川高校を引き分け再試合で降して初勝利. その後, 89年選抜に33年振りに復活, 92年選抜にも出場した.

南部高 (みなべ町, 県立)
春 4 回・夏 2 回出場
通算 2 勝 6 敗

1904年県立農林学校として創立. 14年日高農林学校となる. 26年紀南農業学校と改称. 48年の学制改革で南部町立紀南女学校と合併して県立南部高校となった.

48年創部. 63年選抜で初出場し, 同年夏には金沢泉丘高校を降して初

勝利．近年では2001年選抜に出場している．

箕島高 (有田市，県立)
春9回・夏8回出場
通算37勝13敗，優勝4回

1907年箕島町立箕島実業学校として創立．19年箕島商業学校となり42年県立に移管．46年県立箕島工業学校を統合して箕島商工学校と改称し，48年の学制改革で箕島高校となる．

19年頃から野球が行われ，28年に正式に創部．66年に尾藤公監督が就任して強くなり，68年春に甲子園初出場でベスト4に進出，70年選抜では優勝した．以後，全国的な強豪校となり，77年春に2度目の優勝，79年には史上3校目，公立高校としては唯一の春夏連覇を達成した．2009年春に18年振りに選抜に出場し，ベスト8に進んでいる．13年夏にも出場．

和歌山工 (和歌山市，県立)
春5回・夏2回出場
通算6勝7敗

1914年和歌山県立工業学校として創立し，42年県立和歌山工業学校と改称．48年の学制改革で県立西浜工業学校と合併し，県立光風工業高校となる．53年県立和歌山工業高校と改称した．

21年創部．58年選抜に初出場．74年選抜ではベスト4まで進んだ．81年夏にもベスト8に進出している．

和歌山商 (和歌山市，県立)
春3回・夏4回出場
通算6勝7敗

1904年市立和歌山商業学校として創立し，22年県立に移管して和歌山県立商業学校となる．27年県立和歌山商業学校と改称．48年の学制改革でいったん廃校となり，51年に県立和歌山商業高校として再興された．57年に市立和歌山商業高校が創立されたため長く「県和歌山商」と呼ばれていたが，同校が2009年に市立和歌山高校と改称したため「和歌山商」に戻った．

21年に創部し，31年夏に甲子園初出場．戦前に春夏合わせて4回出場し，ベスト8に2回進んでいる．戦後も51年夏にはベスト4に進出．2007年春に48年振りに甲子園に復活，選抜に限れば70年振りの出場となった．

㉛和歌山県大会結果（平成以降）

	優勝校	スコア	準優勝校	ベスト4		甲子園成績
1989年	智弁和歌山高	2－1	桐蔭高	田辺高	星林高	初戦敗退
1990年	星林高	3－2	南部高	橋本高	和歌山工	3回戦
1991年	智弁和歌山高	8－4	星林高	市和歌山商	田辺工	初戦敗退
1992年	智弁和歌山高	7－2	日高中津高	耐久高	南部高	初戦敗退
1993年	智弁和歌山高	2－1	和歌山工	桐蔭高	箕島高	3回戦
1994年	市和歌山商	5－4	日高中津高	星林高	田辺工	初戦敗退
1995年	田辺高	7－1	高野山高	伊都高	箕島高	初戦敗退
1996年	智弁和歌山高	10－4	伊都高	南部高	熊野高	初戦敗退
1997年	智弁和歌山高	3－2	日高中津高	日高高	田辺高	優勝
1998年	智弁和歌山高	8－7	星林高	伊都高	初芝和歌山高	3回戦
1999年	智弁和歌山高	6－3	南部高	和歌山工	国際開洋二高	ベスト4
2000年	智弁和歌山高	5－2	南部高	日高中津高	箕島高	優勝
2001年	初芝橋本高	3－2	南部高	箕島高	海南高	初戦敗退
2002年	智弁和歌山高	8－2	日高中津高	市和歌山商	田辺高	準優勝
2003年	智弁和歌山高	10－1	国際開洋二高	南部高	粉河高	2回戦
2004年	市和歌山商	6－5	日高高	日高中津高	南部高	2回戦
2005年	智弁和歌山高	12－6	笠田高	市和歌山商	桐蔭高	初戦敗退
2006年	智弁和歌山高	6－1	田辺高	粉河高	日高中津高	ベスト4
2007年	智弁和歌山高	4－1	高野山高	南部高	市和歌山商	初戦敗退
2008年	智弁和歌山高	5－3	日高中津高	串本高	市和歌山商	ベスト8
2009年	智弁和歌山高	3－0	南部高	紀北工	和歌山商	3回戦
2010年	智弁和歌山高	6－3	向陽高	市和歌山商	桐蔭高	初戦敗退
2011年	智弁和歌山高	7－1	市和歌山高	伊都高	南部高	3回戦
2012年	智弁和歌山高	4－2	那賀高	桐蔭高	近大新宮高	初戦敗退
2013年	箕島高	10－1	南部高	和歌山東高	日高中津高	初戦敗退
2014年	市和歌山高	3－2	智弁和歌山高	和歌山商	紀央館高	初戦敗退
2015年	智弁和歌山高	2－0	和歌山高	箕島高	田辺工	初戦敗退
2016年	市和歌山高	2－0	箕島高	橋本高	和歌山東高	2回戦
2017年	智弁和歌山高	3－2	紀央館高	市和歌山高	和歌山東高	2回戦
2018年	智弁和歌山高	7－6	市和歌山高	紀北工	向陽高	初戦敗退
2019年	智弁和歌山高	12－1	那賀高	南部高	熊野高	3回戦
2020年	智弁和歌山高	10－1	初芝橋本高	日高高	箕島高	（中止）

やきもの

男山焼（花器）

地域の歴史的な背景

　和歌山県下では、土器や瓦塼(がせん)の類は例外として、近世に至るまで産業的・継続的な陶磁器の生産は行なわれていない。古代・中世の遺跡から出土するやきものの類は、備前焼（岡山県）や瀬戸焼・常滑焼（愛知県）など以外は中国製である。

　和歌山でやきものが発達しなかったのは、一つには陶磁器の原料として欠かせない良質の土が得られなかったからであろう。さらに、瀬戸内海や太平洋の海路によって諸国の製品が容易に入手できたことも、その原因として考えられる。そのため、和歌山に窯が出現するのは江戸時代後期のことである。

主なやきもの

瑞芝(ずいし)焼

　和歌山市畑屋敷で焼かれた陶磁器で、和歌山城下で初めて開かれたのが瑞芝焼の窯である。岡崎屋阪上重次郎(さかがみしげじろう)（瑞芝）が享和元(1801)年に開窯。和歌山藩の御用窯となり、青磁を中心とする製品を焼いたが、他にも織部や黄瀬戸、備前、丹波、信楽、三島に赤絵や染付(そめつけ)、交趾(コーチ)、安南など、諸国のやきものの写しを焼き、その種類も多岐にわたっている。当時、瑞芝にないやきものはない、といわれたほどである。

　技術的な水準も、相応に高かったようである。特に、瑞芝青磁と呼ばれたものは、大型の花生(はないけ)・火鉢(ひばち)から香合(こうごう)・文房具までさまざまあるが、ほとんどが一品製作で、精緻な手彫りの優れた作品が多い。

　瑞芝焼の最盛期は、文化文政年間（1804〜30年）から天保年間（1830

～44年）あたりである。明治2～3（1869～70）年には、殖産を目的として和歌山藩が設置していた開物局に組み入れられ、男山焼と共に染付磁器の量産を試みた。が、開物局がすぐに廃止、2代目重次郎も没して明治9（1876）年に廃窯となった。

偕楽園焼

　文政2（1819）年、紀州藩第10代藩主徳川治宝が別邸の西浜御殿で始めた。いわゆる御庭焼で、京都から旦入・保全・道八らの陶工を招いて茶陶を焼いた。初期には楽焼系のものが主流で、後に交趾写しの磁器も焼くようになった。素地は、男山窯（後述）から調達したといわれる。

　窯の規模は小さく、焼成量も少なかったため珍重された。だが、嘉永5（1852）年に治宝が没して間もなく、西浜御殿が取り払われて廃窯となった。現在は、窯の痕跡さえとどめていない。

男山焼

　紀州で最も大規模な窯場が、有田郡広川町にあった男山焼の窯場である。これは、同地出身の崎山利兵衛が、紀州藩の官許を得て文政10（1827）年に開いた窯である。

　男山焼がこの地で焼かれたのは、第一に磁器に適した陶石が付近で発見されたことによる。また、　説には、海運に恵まれていて九州天草の陶土が運ばれたことにもよる、という。窯の規模は大きく、『紀伊名所図会』に掲載された挿図を見ると、板葺きの覆屋を掛けた14連房登り窯と素焼窯・土漉場・土納屋・細工場が完備している。

　製品は、紀州藩の殖産興業政策による国産陶磁器の保護奨励のために稼動していたため、無銘の染付日常雑器がほとんどであるが、中には花器や置物など大型の染付磁器もみられる。

　紀州における唯一本格的な窯場であった男山窯も、たび重なる台風による被害や、明治3（1870）年の開物局廃止に伴い藩の後ろ盾を失ったことなどによりしだいに衰退。その後は個人経営によって細々と続けられたが、明治11（1878）年に廃窯となった。

Ⅲ　営みの文化編　　139

高松焼

　和歌山市宇須で焼かれた陶磁器。文政7(1824)年に地元出身の事業家崎山利兵衛によって開窯された。当時の和歌山藩にはまだ本格的な磁器窯がなかったため、京都や伊万里から技術を導入した。そして、藩窯としての試験操業を行なった、とされる。

　また、高松焼の窯は、御庭焼の偕楽園窯があった西浜御殿に近かったため、偕楽園窯で焼けない高火度の磁胎素地を供給する役目もあったようだ。つまり、御用窯と民窯の性格をあわせ持っていたのである。だが、天保4(1832)年頃に廃窯した。

　窯跡には、大小2基の連房式登り窯の基底部の一部が残され、陶磁器片も大量に発見されている。その出土品のほとんどは無銘である。

　なお、和歌山県には、他に太田焼や善明寺焼がある。太田焼は、和歌山市太田で焼かれた陶器で、明治8～12(1875～79)年頃まで、神戸から海外に輸出する目的で焼かれた。海鼠釉や交趾写しの花生や香炉などが多く、大ざっぱで派手な作風が特徴である。また、御坊市で焼かれたのが善明寺焼で、近隣の楠井村の土を使い、備前焼風の花生や水指、茶碗などあるが、伝世品は少ない。

Topics ● 隠れたコレクション

　紀州博物館(西牟婁郡白浜町)は、眼下に白浜温泉街を一望できる場所に位置している。同館は、紀州の名士であった実業家小竹林二から寄贈された浮世絵や掛け軸、印籠などの名品とやきものを始めとする茶道具のコレクション1300点余りを基礎に、昭和48(1973)年に設立された。平成12(2000)年には、古都の民家をイメージした新館が竣工。大規模な美術館ではないが、収蔵品が優れている、と評価が高い。特に、古唐津焼のコレクションでは、日本一とも評されている。

IV

風景の文化編

地名由来

万葉に詠われた「和歌浦」から

　日本列島全体が山がちとはいえ、和歌山県ほど山で埋め尽くされた県はない。平地といえば、最北端の和歌山市と紀の川流域、有田市周辺と御坊市、田辺市周辺しかなく、あとは目の前に太平洋を望み、後ろに熊野から高野山に至る広く深い山並みが延々と続いている。「紀伊国」がもとは「木の国」であったことはよく知られているが、それだけ木々に覆われた地域なのである。しかも、県庁所在地は最北端に位置する和歌山市にあるが、このことに関しては県民の中にそれほど違和感がないという。

　住居にできるのは、最北端の和歌山地区とその南に位置する田辺地区、そして、熊野信仰の拠点となる新宮地区の3つに分かれている。そのうち田辺は、中世に熊野水軍の拠点として栄え、源氏方について平氏滅亡に大きな貢献をしている。この田辺は、近世に入ると和歌山藩家老の安藤氏が治め、和歌山藩の支藩のような位置にあった。同じく新宮も和歌山藩の家老水野氏の城下町であった。

　ということは、いずれも紀州和歌山藩の支配下にあったということで、紀伊国には藩同士の対立はなかったということなる。

　何しろ紀州和歌山藩は徳川御三家の1つである。結局、熊野を中心とした広大なこの一帯は紀州55万石が支配していたのである。

　明治4年（1871）7月、廃藩置県によって、「和歌山県」「田辺県」「新宮県」の3つの県が併存する形になるが、同年11月には「和歌山県」にすんなりと一本化された。

　和歌山市の南に「和歌浦（わかうら、わかのうら）」という風光明媚な海岸が連なっている。『続日本紀』によれば、聖武天皇はこう述べたという。

　「山に登り海を眺めるのに、このあたりは最も良い。わざわざ遠出しなくても遊覧に充分である。それ故、弱の浜という名を改めて、明光浦とし、守部を設けて、荒れたり穢れたりすることのないようにせよ」（講談社学

術文庫版）

　もともと「弱の浜」と呼ばれていたのが「明光浦」となり、それが「若の浦」さらには「和歌浦」に転訛したということになる。

　豊臣秀吉がこの地に城を作ろうとした際に、南に広がる「和歌浦」に対して築城した岡を「和歌山」と名づけたことから、今日の「和歌山」という地名が生まれたとされる。

　なかなかの命名である。「若」というほとんど意味のない漢字を風流な「和歌」に変えたあたりにも秀吉のセンスが光る。

とっておきの地名

①加太（かだ）　古代においては「賀太郷」と記されている。江戸期には「加太浦」と呼ばれ、港町として栄えた。明治22年（1889）に「加太村」が成立し、明治32年（1899）には「加太町」となったが、昭和33年（1958）に和歌山市に合併された。

　由来は「干潟」であったという説が有力。江戸時代に「加太」の人々が千葉県九十九里浜に移住し、港を開いたことから「片貝」（かたかい）という地名が生まれたことは知っておいてほしい。紀伊国の人々が鰯などを求めて九十九里に移住したことは有名で、銚子のヤマサ醤油は和歌山藩広村（現・広川町）の濱口儀兵衛によって開業されたことはよく知られる。現在でも銚子市には紀伊国から移住してきたことを記念する「木国会」（きのくにかい）が存続している。

②学文路（かむろ）　和歌山県を代表する重要な地名の1つ。高野山の北側に位置し、戦国期に「禿」（かむろ）でみえる。江戸期にはすでに「学文路村」となり、明治22年（1889）に「学文路村」として新しくスタートしたが、昭和30年（1955）の橋本市の発足時に合併されて廃止された。「禿」とはいわゆる「はげ」のことで、坊主頭のことを言ったものだが、これは剃髪した僧のことである。一方で、将来遊女になる10歳前後の少女を意味することもあり、「高野山の麓なれば古は此地に男色を鬻くものありしならん」という説もある。（『角川日本地名大辞典 和歌山県』）この背景には、高野山は女人禁制だったという現実があった。

Ⅳ　風景の文化編　　143

③串本
くしもと

JR紀勢本線（きのくに線）の串本駅には「本州南端の駅」という看板がある。町の南に突き出ている潮岬は本州最南端の地点である。「串本」の由来については、潮岬へ「超す本」からきたという説と、大島にかけて串状の岩が続いているからという2つの説があるが、私は後者ではないかと考えている。

串本の町の北の外れから、目の前にある大島には巨大な岩が串のように並んでいる。ここには弘法大師伝説が語り継がれてきた。

その昔、弘法大師と天の邪鬼が一晩で大島まで橋架けをしようということになった。大師は山から大きな岩を運んできて海中に立てると、あっという間に橋杭が並んでしまった。このままでは立派な橋ができあがってしまい、自分は負けてしまうと考えた天の邪鬼は、大声で鳥の鳴き声をあげた。朝が来たと思った大師は橋架けを途中でやめてしまったので、橋杭は途中で切れてしまった……という話である。

伝説はともかく、この串状の岩が地名の由来になっていることは確かであろう。

④九度山町
くどやまちょう

真田昌幸・幸村父子が蟄居を命じられた場所として知られる。関ヶ原で西軍についた真田昌幸・幸村父子は幸村の兄の信之が家康に延命を懇願した結果、この九度山に蟄居させられ、昌幸はこの地で生涯を閉じるが、幸村は大坂の陣で再び豊臣方につき、最後は討死を果たすことになる。

空海が嵯峨天皇から高野山の地を賜ったのは弘仁7年（816）のことだが、高野山の入口で参詣の要所に当たるこの地に政所（事務所）を置いたのが始まりであった。空海の母が高野山を見たいと讃岐国からやってきたものの、高野山は女人禁制なので山に登ることはできず、政所に滞在せざるを得なかったという。そこで、空海はひと月に九度年老いた母を訪ねたところから「九度山」という地名が生まれたという。「九度」というのは正確な数値ではなく「頻繁に」という程度に解するのがよい。

空海の母は承和2年（835）2月に死去したが、その霊を弔ったのが現在ある慈尊院である。

⑤**熊野**（くまの）　全国に「熊」がつく地名は数多いが、そのほとんどが動物の「熊」以外に地形による「隈」の可能性が高い。熊野の場合、以下の説がある。

（1）動物の「熊」にちなむとする説

これは、後の神武天皇になる神倭伊波礼毗古命（かむやまといはれびこのみこと）が東征して熊野から奈良に向かった際、熊に出会ったことからついたという説である。『古事記』には次のようにある。

「かれ、神倭伊波礼毗古の命（かむやまといはれびこ の みこと）、そこより廻り幸して、熊野（くまの）の村に到りましし時に、大きな熊、髪かに（ほの）出で入るすなはち失せぬ」

実はこのあと、神倭伊波礼毗古命は、この熊の毒気に当てられ、戦う意欲もなくしてしまったのだが、熊野の「高倉下（たかくらじ）」という猛者が現れて無事、命を護ったという話が記されている。

このような故事によって「熊野」という地名が生まれたとされるのだが、この場合の「熊」は「荒ぶる神」のことであって、「熊」そのものではないと考えられる。

（2）地形の「隈」によるとする説

「くま」（隈、曲、阿）を辞書で引くと、次のような意味が挙げられている。

①「川や道などの」折れ曲がっている入り組んだ所。（川の―）（道の―）

②奥まったすみの所。物かげの暗い所。

③濃い色と薄い色、光と陰などの接する部分。

これは主なものだが、まさに熊野はこのようなところである。熊野古道はどこまでも折れ曲がっているし、熊野川も山の奥深くから折れ曲がって流れてくる。また、「奥まったすみの所」というのは、至るところがそのような地形で、それがまた多くの信仰の対象になっている。そして、「濃い色と薄い色、光と陰などの接する部分」という表現は、まさに熊野のためにあるかのように思える。熊野全体が巨大な森になっていて、その全体が1,000年を超える信仰の対象になってきたのである。そう考えると「隈」説が正しいように見える。

⑥**御坊**（ごぼう）　和歌山県紀中・日高地域の中核都市「御坊市（ごぼう）」。江戸期から「御坊村」として存在していたが、明治30年（1897）に「御坊町（ごぼうちょう）」となり、戦後の昭和29年（1954）には近郊の村を合併して「御坊市」と

なった。由来は、天文9年（1540）、吉原（現美浜町）に建立された西本願寺日高別院による。文禄4年（1595）の豊臣秀吉の紀州攻めの際焼失し、現在地に移転し「御坊さん」と親しまれ、「御坊」という地名が成立したとされる。

⑦ 龍神（りゅうじん）　かつては「龍神村」で、日本三大美人の湯として知られているが、平成17年（2005）の合併で田辺市の一部になった。由来については諸説あるが、まず「龍（竜）神」の意味から説いてみよう。「龍（竜）神」とは「①竜の形をして水中に住み、水をつかさどる神。農業と結びつき雨乞い祈願の対象となり、漁師にも信仰された。②仏法の守護神、天竜八部衆の一」（『大辞林』）とある。水をつかさどる神ならば、温泉に結びついても自然である。

　また、仏法の守護神であるならば、仏教と結びついても不思議ではない。

　このような背景から、龍神温泉は役行者小角（えんのぎょうじゃおづの）によって発見され、その後、弘法大師が難陀龍王（なんだ）の夢のお告げによって龍神温泉と名づけたという伝説が生まれてくるのだろう。地元には難陀龍王を祀る小さな祠があり、毎年8月に難陀龍王祭を催して温泉の繁栄を祈っている。

難読地名の由来

a.「財部」（御坊市）**b.**「一雨」（東牟婁郡古座川町）**c.**「国主」（紀の川市）**d.**「勝神」（紀の川市）**e.**「且来」（海南市）**f.**「土入」（和歌山市）**g.**「遠方」（紀の川市）**h.**「八尺鏡野」（東牟婁郡那智勝浦町）**i.**「周参見」（西牟婁郡すさみ町）**j.**「温川」（田辺市）

【正解】
a.「たから」（日高御坊の何らかの財宝管理に関係するか）**b.**「いちぶり」（一番雨が降るという気象地名）**c.**「くにし」（大国主命がこの地に訪れたという伝承による）**d.**「かすかみ」（当地にある勝神（かつかみ）神社に由来する）**e.**「あっそ」（朝が来るという意味か）**f.**「どうにゅう」（低湿地帯で土が入るという意味）**g.**「おちかた」（文字通り、遠方へ落ちていくからか）**h.**「やたがの」（神武天皇にまつわる「八咫烏」に由来する）**i.**「すさみ」（「荒海（すさみ）に由来するといわれる」**j.**「ぬるみがわ」（文字通り、水が温かいからか）

商店街

ぶらくり丁（和歌山市）

和歌山県の商店街の概観

　県北部を紀ノ川が流れ、流域平野には大和から伊勢へ向かう街道が走り、小都市が発達した。紀ノ川の河口に発達した県都和歌山市は、県域から見れば北西端という偏った場所に位置しており、南東端の新宮市まで特急でも3時間近くかかる。紀ノ川流域以南では有田川、日高川、新宮川（熊野川）の河口などに小規模な平野があるものの、山地が海岸まで迫っている。山間地域では熊野街道以外にも集落を縫うように交通路が形成されてきたが、高野山を除いて、商業集積は見られない。

　2014年の「商業統計調査」によると、県全体に占める和歌山市のシェアは小売店舗数では28.3％、販売額では41.7％で、これに次ぐのが田辺市で、商店数、販売額とも県全体の約10％を占めている。それ以外では、海南市、橋本市、新宮市、紀ノ川市、岩出市が5％程度であるが、紀ノ川流域の各市の人口1人当たり小売業販売額は県平均以下になっている。通勤や購買において県北は大阪への依存傾向が認められ、特に関西国際空港の開設を契機に空港周辺の大規模商業施設の開設が続いたことは、県北の商業集積地に及ぼした影響は大きかった。主要幹線道路沿いの大型店や量販店は県内各地で見られるが、大規模ショッピングセンターと呼べるものは和歌山市周辺に限られている。

　和歌山市の中心商店街「ぶらくり丁」は郊外化や駅から離れているといった不利な条件も重なって、シャッター通りと化し、中心市街地活性化計画の重要課題の1つとなってきた。和歌山市に隣接する岩出市や紀ノ川市では農業地域が広く、郊外型店舗の立地が盛んで、商店街形成には至っていない。また、奈良県境に位置し、大阪の通勤圏に含まれる橋本市は買い物でも大阪府に依存する傾向があったが、郊外に大型店が開店したことにより、中心商店街は消滅の危機に瀕している。南部（紀南）では田辺市、東

【注】この項目の内容は出典刊行時（2019年）のものです

南部(東牟婁)では新宮市が地域中心都市としての地位を確立しており、県都に次ぐ規模の商店街を形成している。両市の商店街は城下町の町人町に起源を持っていること、商店街活性化に向けて熊野古道観光客、特に訪日外国人を取り込もうとしている点で共通している。

その他の市町では、有田市箕島、御坊市、湯浅町、上富田町、串本町などに商店街が形成されているが、いずれも停滞ないし衰退傾向にある。このなかでは、隣接地域に大きな商業集積地がない串本町では、「串本駅前商店街」の規模が大きく、地域の商店街としての地位を保っている。醤油発祥の地と言われる湯浅町の商店街は、かつては賑わっていたが、近年は空洞化が目立つようになっており、熊野古道沿いの重要伝統的建造物群保存地区と連携した観光による活性化を模索している。また、温泉観光地である白浜、那智勝浦には観光要素のある商店街があるが、規模は比較的小さい。小学校から大学まである高野山は壇上伽藍を中心とした都市的集落と呼ぶことができ、名物の胡麻豆腐店などの商店が並ぶ景観は商店街と見ることができる。

人口減少が深刻で産業が停滞的な和歌山県では、観光をテコにした地域振興に取り組んでいる。レジャー施設や外国人向けの免税カウンターの設置などである。これらが、地域商業の活性化につながるか、注目されるところである。

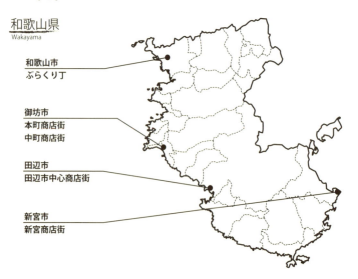

行ってみたい商店街

ぶらくり丁（和歌山市）
―シャッター通りからの活性化に取り組む県都の中心商店街―

　JR和歌山駅と南海電鉄和歌山市駅のほぼ中間、和歌山城の北に位置する商店街。6つの商店街（本町・ぶらくり丁・中ぶらくり丁・東ぶらくり丁・ぶらくり丁大通り・北ぶらくり丁）が連接しており、全体をぶらくり丁と総称することもある。約250店が和歌山市中央商店街を形成している。

　江戸時代、市堀川にかかる京橋から北に伸びる大手筋に沿って街が形成されており、1830年の大火により一帯が焼失した後、横丁で食料品や衣料品などを扱う商人が集まってきたのが商店街の始まりという。間口の狭い店が多かったため、商品を軒先に「ぶらくって」（吊り下げて）商っていたのが「ぶらくり丁」の名前の由来であると言われている。以来、和歌山県を代表する商店街として繁栄し、1932年には本町にあった地元呉服店から百貨店となった丸正百貨店は、長く本商店街の中核店として親しまれてきた。また、一帯には映画館や飲食店などが多数立地し、大阪以南では最大と言われる繁華街、歓楽街となった。

　衣料品などの買回り品店を主体とした商店街に、1970年にはジャスコ、1971年には大丸和歌山店など大型店も進出して、和歌山市の中心商店街としての地位を確立し、特に休日には紀南地方や大阪府南部からの買い物客で賑わっていた。しかし、1987年の近鉄百貨店のJR和歌山駅前への進出や、和歌山大学キャンパスの移転に象徴される郊外化により商店街を取り巻く商業環境は悪化し始める。特に、関西国際空港開港に伴い、大阪府南部に大型商業施設（りんくうプレミアム・アウトレットやイオン泉南店など）が新たにできた影響は大きく、1998年の大丸百貨店の撤退を皮切りに、2001年には丸正百貨店の倒産、日ノ丸ビル（ビブレ）撤退と大型店の閉鎖が相次いだ。また、郊外に大規模なシネマコンプレックスが開業した影響で中心地区の映画館は皆無となり来街者は大幅に減少した。中心市街地の人口減少、高齢化も重なって閉店する店舗が増える一方、新規立地はほとんどなく、一時は空き店舗率が30％近くになり、シャッター通り化していった。

　商店街の活性化は、中心市街地空洞化に対する課題の1つとして取り組まれている。「和歌山市中心市街地活性化基本計画」では、中心市街地の

Ⅳ　風景の文化編　　149

回遊性を向上させるために、JR和歌山駅と南海和歌山市駅を結ぶ「城まちハッピーロード」が設定され、ぶらくり丁も組み込まれている。旧・大丸百貨店は2005年にドン・キホーテに、旧丸正百貨店は2007年に食料品店や飲食店のほかに和歌山大学のサテライトキャンパスや医療系施設、フュージョンミュージアムなどが入る複合施設フォルテワジマに生まれ変わったほか、空き店舗を活用して従来商店街に少なかった業種を新規導入するテナントミックスも少しずつ進められている。2014年から遊休不動産の事業化を目的とするリノベーションスクールが始められており、ぶらくり丁アーケードのほぼ中央に位置する農園レストラン石窯ポポロはその第1号事業案件である。また、本町の北に「紀の国ぶらくり劇場」が開館した。

田辺市中心商店街（田辺市）
―紀南の中心商店街―

　JR紀伊田辺駅南側にある9つの商店街からなる商業地区で、県南部（紀南）最大の商業集積地。駅の左右に弁慶町、駅前新通り、正面に駅前、アオイ通りの商店街が広がる。駅前商店街とアオイ通りの境から西へ湊本通り、北新町、栄町の商店街の連なりと銀座商店街が分岐し、アオイ通りの先は宮路通り商店街になる。また、駅前商店街西側の味光路は紀南随一の歓楽街になっている。江戸時代には特権的商人の多い栄町や本町が商業地

北新町商店街の老舗呉服店前の道分け石（「左くまの扁すぐハ大へ路」「右きみ為寺」）

区で、明治以降も度量衡や幻燈といった新時代の商品を販売する商店や銀行もでき、賑わっていた。1960年代には食品スーパーマーケットが登場し、北新町には百貨店「切荘」が誕生した。1971年に開催された国民体育大会を機に駅前が整備され、商店街の中心は湊本通りから駅前方面に移っていった。駅前は飲食店や土産物店が多く、中心商店街の周辺部では銀行や病院などの非商業施設が多くなる。湊本通り、北新町は衣料品、ファッションが中心で、栄町は衣料品以外に時計、メガネ、玩具などの買回り品店が中心で、老舗も多い。銀座商店街は衣料品店から食品店まで多様な業種がバランス良く揃っている。

　1980年頃からロードサイド店の立地が増え、1996年に市街地北方の南紀田辺インターチェンジ近くに大型店が開店すると、中心商店街の買い物客は減少し、空き店舗が目立つようになった。空き店舗率は商店街全体で15％程度であるが、買回り品の多い商店街のほうが深刻である。銀座通りとアオイ通りでは1997年から商店街近代化事業を実施し、道路を拡張するとともに建物の1階部分を1.5mセットバックして、歩道（ミニアーケード付き）を整備し、駐車スペースも確保した。2010年に病院跡地に設けられた「ぽぽら銀座」にはカフェやベーカリーがテナントとして入っており、大正ロマンと近代的な雰囲気を持つ施設は商店街活性化の核として期待されている。一方、湊本通りから栄町の通りは、老舗の和菓子屋やかまぼこ屋もある落ち着いた通りとなっている。また、商店街近くの闘鶏神社などが世界文化遺産に追加登録されることを見据えて、2016年には、希望店舗だけではあるが、外国人観光客を対象にした消費税免税手続きカウンターが駅前商店街の一画に開設された。

新宮商店街（新宮市）
―熊野の中心商店街―

　熊野川（新宮川）河口の新宮は、熊野三山の1つ熊野速玉大社の門前に位置し、江戸時代には新宮城（丹鶴城）が置かれ、城の南に城下町が形成された。熊野川流域の木材集散地として発展し、大都市から離れているうえに近くに大きな中心地もなかったため商業中心地として栄え、三重県南部にも広がる独立的な小売り商圏を形成してきた。

　新宮駅前から丹鶴城の南を経て国道42号線（大橋通り）にかけて、9つの商店街（駅前・丹鶴・新町・仲之町・大橋通り・本町・初之地・神倉・堀端）が並び、全体で150ほどの商店がある地域型商店街である。その中

Ⅳ　風景の文化編　　**151**

心になるのが唯一アーケードのある仲之町商店街で、最盛期の3分の2ほどに減ったものの、買回り品店を中心に90店ほどが営業している。アーケード東口には新宮を発祥の地とするスーパー・オークワがあり、核店舗としての役割を担っている。

ジャスコ（現・イオン）が郊外に出店（1996年）したのをきっかけにオークワも郊外店を新規出店し、中心商店街の来街者は減少した。また、市民病院も郊外に移転し、中心市街地の活性化が課題になっている。商店街では商工会議所をタウンマネージメント機関（TMO）として「逸品スタンプラリー」を行い、各商店は他店と情報交換することにより、商品のディスプレイや品揃えの見直しにつながったと言われている。丹鶴城、熊野速玉大社に加えて国指定の天然記念物浮島の森といった観光地が巡回コースを形成しており、このコース上に商店街がある地の利を活かした商店街活性化が課題である。また、世界遺産登録後、この地を訪れる外国人が増加しており、2016年には「訪新外国人いらっしゃい商店街づくり推進協議会」を立ち上げ、宣伝用のぼりの設置やセミナーの開催を実施している。

本町商店街、中町商店街（御坊市）
―日本一短い鉄道沿線の商店街―

JR御坊駅から日本一短い私鉄として知られる紀州鉄道に乗り換えて2駅、紀伊御坊駅で降りて少し東にあるのが本町商店街で、その南は中町商店街に連なる。商店街が面している通りは熊野街道で、御坊は中町商店街側にある西本願寺日高別院を中心に発展してきた。2つの商店街に交差あるいは平行する通りにも古くからの商店や商家があるが、現在、商店数は少ない。本町商店街は鮮魚店、精肉店、酒屋、呉服店、洋品店、金物店、化粧品店と多様な商店から構成されており、昔ながらの商店街といった感じである。本町商店街と比較して中町商店街の商店密度は低い。別院近くには醤油醸造店など昔ながらの商家造りで営業している老舗もあったが、次第に姿を消してきた。

地域人口の減少や高齢化、和歌山方面への買い物客の流出などにより、商店街としての賑わいは失われてきている。2013年には紀州鉄道と連携して、乗客に商店街で使えるクーポンチラシを配布する「ごぼう寺内町ふれあい商店街事業」を実施した。さらに、商店街の活性化、まちおこしのシンボルとして、紀州鉄道の廃車輌を譲り受けて商店街に設置し、車内を店舗に改装する計画が進められ、2017年12月にオープンした。

花風景

日高川河口のハマボウ

地域の特色

紀伊半島の南西部を占め、西は瀬戸内海に臨み、北は和泉山脈、東は紀伊山地と熊野川、南は太平洋に接し、本州最南端の潮岬がある。県北部には中央構造線に沿って紀の川が西流し、和歌山平野をつくり、和歌山の町を生んだ。古くは紀伊の国であり、近世には徳川御三家として和歌山城を拠点とする紀州藩が置かれ、田辺、新宮に支藩を配した。古来、和歌浦、紀三井寺、高野山、熊野三山などが参詣者であふれ、湯浅醤油、粉河酢、備長炭、有田蜜柑などの産業が発展した。暖温帯の気候を示す。

花風景は、古くからの由緒ある寺院や現代のダム湖のサクラ名所、歴史のあるウメやモモのなりわいの花、寺院の多彩な花木、河口の海浜植物、高原の草原植物など、全体として里地里山の花などが特徴的である。

県花は県民投票によって定められたバラ科サクラ属のウメ（梅）である。早春に葉が出る前に、鋭い形姿を見せる枝に紅梅、白梅と呼ばれる美しい花をつけ、芳香も良く、古来、文芸や絵画などで愛でられてきた。みなべ町などの紀南地方は古くから食用のウメを生産し、現在も紀州南高梅としてブランド化している。ウメは大阪と福岡の府県の花でもある。

主な花風景

紀三井寺のサクラ　＊春、日本さくら名所100選

紀三井寺は紀ノ川河口の平野部の南、名草山の中腹にある。境内には約500本のサクラの木が植えられ、花期になると、名草山はサクラに包まれる。ソメイヨシノ、ヒガンザクラ、ヤマザクラが見られる。境内の楼門、本堂、鐘楼などの建造物を覆うようにサクラが咲き、これらの建物がサクラの花の間に見え隠れする風景が日本の春を感じさせる。本堂前には和歌山地方気象台季節観測用のソメイヨシノ標本木があり、近畿地方で最も早く開花

凡例　＊：観賞最適季節、国立・国定公園、国指定の史跡・名勝・天然記念物、日本遺産、世界遺産・ラムサール条約登録湿地、日本さくら名所100選などを示した

が宣言されることから、近畿地方に春を呼ぶサクラといわれる。高い本堂や多宝塔からサクラの花の向こうに和歌浦も望める。和歌川を挟んだ紀三井寺の対岸の和歌浦には、当初、慶安年間（1648～52年）に紀伊徳川家初代藩主の頼宣が水上に建設した観海閣が再建されており、ここから紀三井寺を遥拝したといわれる。

根来寺のサクラ　　*春、史跡、日本さくら名所100選

　根来寺（根來寺）は、和歌山県最北部を東西に走る中央構造線がつくり出した和泉山地の南麓、紀の川の北側に位置する。寺のすぐ南を中央構造線が走る。12世紀に起源を持つこの寺の内外にはソメイヨシノ、ヤマザクラ、シダレザクラなど7,000本ほどのサクラが見られ、花期には広大な敷地の内外がサクラで覆われる。境内には推定樹齢300年を超えるシダレザクラの古木も見られる。

　戦国時代には根来寺を中心とした僧兵集団が鉄砲で武装し、根来衆として活動。大きな勢力となったため1585（天正13）年に豊臣秀吉に攻められ、全山が焼失する。その際わずかに残り現在に伝えられる建造物は、日本最大の木造の多宝塔である大塔と大師堂のみである。その後、徳川家による再興の許しを得て江戸期に大伝法堂、大門が再建され、サクラ、紅葉の中に堂宇が立つ現在の姿がつくられてきた。大門の近くのサクラが見もので、門ごしに見え隠れするサクラが、その中に立つ仁王像を包み込むかのように咲く。

七川ダム湖畔のサクラ　　*春、日本さくら名所100選

　古座川は紀伊半島最南部、かつての火山活動で生じた熊野カルデラの外壁に沿って流下し、熊野灘に注ぐ。この川の上流、古座川の洪水調整と発電を目的に1956（昭和31）年に七川ダムが完成し、その際、湖畔周囲に地域住民が約3,000本のソメイヨシノを植樹したという。国道371号を北上し佐田に入ると沿道にサクラ並木が続き、「佐田の桜」ともいわれ、開花期の古座川桜まつりは多くの人で賑わう。

　ダム湖畔のソメイヨシノは老木となってきているため、クマノザクラの植栽を進めるという。クマノザクラは熊野川流域地方に分布し、野生のヤマザクラやカスミザクラとは、花柄や葉の形の違い、開花期が早く重なら

ないなどの特徴を持ち、2018（平成30）年に新種と判断された。日本の野生のサクラとしては、9種が自生しているが、1915（大正4）年にオオシマザクラの種名が発表されて以来、約100年ぶりの新種の確認となった。

南部梅林のウメ　＊冬

　和歌山県の中央部、南部川の流域に広がるみなべ町は、梅と備長炭の生産が盛んである。中流から下流の斜面は、2月ともなると、ウメの白い花で霞がかかったように覆われる。

　2015（平成27）年の農林業センサスでは、和歌山県のウメの栽培面積は全国の約6割を占め、みなべ町は県内の栽培面積の5割弱、隣接する田辺市の栽培面積と合わせると9割近くに及ぶ、国内最大のウメ産地である。この地のウメ栽培は400年以上の歴史を持ち、江戸初期から田辺藩主がその栽培を奨励したとされる。みなべ町で栽培されるウメの大半が「南高梅」で、梅干にすると果肉が厚く皮が薄い良質な品種である。この地域ではさまざまな品種が試みられてきたが、1902（明治35）年、高田貞楠がみずからの畑に植えたウメの中に実が多く大きい優良な樹を見いだし、それを母樹として高田梅を育てた。50（昭和25）年、旧南部川村の中で優良品種のウメの調査選定が始まり、5年間にわたる調査の結果、高田梅が最優良母樹に選ばれた。調査研究に南部高校の職員・生徒が協力したことから「南高」と命名され、65（同40）年に種苗の名として登録された。南高梅は、この地をはじめ和歌山県内のウメの栽培面積の8割以上で栽培される品種となっている。

　「みなべ・田辺の梅システム」が、2015（平成27）年に国連食糧農業機関により、持続可能な農業システムとして世界農業遺産に認定された。斜面の土砂流出を防ぐために梅林の周囲にウバメガシの薪炭林を残し、備長炭をつくっている点、ウメの受粉にニホンミツバチを使っている点、ウメの生産者と加工業者が連携して梅干しを生産している点など、この地域のウメを中心とした農業生産システムが高く評価されている。

桃源郷のモモ　＊春

　和歌山県北部、紀の川に貴志川が合流する付近の低地は、「あら川の桃」の産地。3月の花期に紀の川の堤防に沿って進むと、ピンク色の花がどこ

までも一面に広がり、壮観である。

　桃源郷と呼ばれるモモの一大産地がある安楽川地区は、河川の合流点で水害が多く「荒川」と呼ばれていたが、12世紀の半ば、鳥羽上皇の皇后美福門院が安楽川に改めたという。水はけが良い砂地で、温暖な気候と河川のもたらす肥沃な土壌に恵まれていることで良質なモモの産地となっている。現在は200ヘクタール以上で栽培され、主要品種は白鳳、清水白桃で、この地で発見された桃山白鳳も栽培されている。この地区でのモモの栽培は、元禄年間（1688～1704年）までさかのぼるといわれるほど古い。1782（天明2）年に摂津国池田からモモの木を導入した記録が残されているが、明治時代以降には「あら川の桃」として、和歌山から大阪、そして全国へ販路を拡大していった。1963（昭和38）年に安楽川町と2村とが合併した際、モモの産地であることにちなんで町名を桃山町とし、この時期、他の地域ではミカンの生産を増加させるなか、モモ畑の拡大を積極的に行うことにより一大産地となっていった。堤防沿いに2キロ以上にわたり、山の斜面にかけてモモの栽培地が広がる。他の産地との競争の中で、ブランド桃を維持していく努力と共に春の風景はある。

子安地蔵寺のフジ　＊春

　和歌山県最北部を東西に横切る紀の川の中流域北岸、和泉山脈の麓、のどかな田園地帯にある寺は、4月中旬ともなるとフジの花を見ようと境内に人があふれる。8品種、二十数本あるフジが紫、ピンク、白、紅に色づき、長い花房をたらし、また八重の花を咲かせる。

　737（天平9）年、行基の開基と伝えられる古刹。本尊の地蔵菩薩も行基自身が彫った、日本最古の地蔵菩薩とされる。安産や子育て守護に霊力があるとされ、子安地蔵と呼ばれている。1581（天正9）年に織田信長勢により焼かれるが、その後、紀州藩初代藩主徳川頼宣の娘の難産を救ったことで境内の伽藍が再興され、歴代藩主に信仰された。今でも安産祈願の寺として信仰を集めている。

　フジの花期には真っ赤なツツジも満開で、鮮やかなコントラストをみせる。初春にはウメ、春にはサクラ、初夏にはアジサイ、秋にはハギ、冬にはサザンカ・ツバキと四季を通じて花に包まれ、安産祈願の寺と共に花の寺として知られるようになった。

日高川河口のハマボウ　＊夏

　和歌山県の中部、日高川の河口の湿地に、7月になると、ハマボウが一面に黄色い大輪の花をつける。県内に数カ所群落が確認されているが、日高川河口のものが最大である。

　ハマボウは関東以西の本州、四国、九州と韓国の済州島に分布し、高さは1～3メートルほどと高くはないが、大きなものは横に広がる。暖地の汽水域の湿地に生育し群落を形成する。花は朝に咲いて夕方にしぼむが、一つの木で次々に花は咲いていく。ハマボウの生育する河口付近や内湾の沿岸の湿地は、埋立てや護岸、堤防工事により、全国的に消失が進んできている。ハマボウの分布する府県のレッドデータブックでは、大阪府では絶滅、それ以外でも絶滅のおそれがある種として掲載される県が多い。その中で、日高川河口のハマボウは比較的安定した群落として維持されている。1968（昭和43）年に御坊市の天然記念物に指定され、また、市のシンボルとして94（平成6）年に市の花木に指定されている。市内のマンホールの蓋にはハマボウがデザインされ、市民に親しまれる花となっている。

生石高原のススキ　＊秋

　和歌山県の北寄り、有田川の中流域の北側、標高870メートルの生石ヶ峰から稜線に沿って西側に約13ヘクタールにわたって広がるススキ原。10月になると一面の銀世界となる。

　関西一ともいわれるこのススキ原も、茅場としての利用がされなくなるとともに植生遷移が進み、県の調査では、1968（昭和43）年から96（平成8）年の間に約26ヘクタールから8.4ヘクタールへと規模を縮小させた。県は98（同10）年度から3カ年の調査を経てススキ草原復元の計画を策定し、2001（同13）年度からススキの刈り取り、雑木の処理、草原性の植物の増殖などの活動を地域住民、ボランティアと共に進めている。かつて行われていた山焼きは、03（同15）年から、地元町と観光協会により再開され、現在は毎年9.3ヘクタールの範囲で実施され、ススキ原が維持されている。

Ⅳ　風景の文化編　157

公園 / 庭園

和歌山公園

地域の特色

和歌山県は紀伊半島の南西部を占め、西は紀淡海峡・紀伊水道に臨み、北は和泉山脈で大阪府に接している。東は紀伊山地で奈良県と、熊野川で三重県と接している。南端には本州最南端にもあたる潮岬がある。県北部には、三重県伊勢湾口・櫛田川から徳島県吉野川へとつながる大断層の中央構造線が東西に走り、西流する紀ノ川を形成して、南北の地形地質を大きく分けている。中央構造線の北側に沿って東西に連なる和泉山脈は紀淡海峡で友ヶ島をつくっている。紀ノ川は河口部に和歌山平野をつくり、和歌山の町を生んだ。峡谷の北山川や十津川が合流する熊野川は南流し、新宮の町を生んだ。

古くは紀伊の国であったが、それ以前に北部を木の国、南部を熊野の国と呼んだこともあった。古来より和歌浦は一大名所であり、熊野は神話の地であった。古代から高野山参詣や熊野三山詣でが行われ、中世には蟻の熊野詣でと呼ばれるほど参拝者が列をなしたといわれる。高野山は空海が金剛峯寺を開き、熊野三山は熊野本宮大社、熊野速玉大社、熊野那智大社からなる。京の都から熊野を詣でる場合、険しい紀伊山地は通れないので、紀伊の国の海岸を回る大辺路や中辺路の熊野古道が利用された。2004（平成16）年、世界文化遺産「紀伊山地の霊場と参詣道」が登録された。近世には徳川御三家として和歌山城を拠点とする紀州藩が置かれ、田辺、新宮に支藩を配した。

2015（平成27）年、吉野熊野国立公園に2カ所の県立自然公園を編入し、天神崎や白浜を国立公園とした。また、海域公園地区として串本海中公園など2地区を有していたが、浅海域11地区を広域に増やした。同年、世界農業遺産「みなべ・田辺の梅システム」が認定された。自然公園は海峡、峡谷、海岸、山岳が主であり、都市公園は名所や城郭にちなむもの、庭園は大名庭園や寺院庭園が特徴的である。

158　凡例　自然公園、都 都市公園・国民公園、庭 庭園

主な公園・庭園

瀬戸内海国立公園加太・友ヶ島

　和歌山県と淡路島の間の紀淡海峡に二つの島の友ヶ島が浮かんでいる。和歌山県の加太の高台から見おろす海峡の友ヶ島は瀬戸内海らしい風景で素晴らしい。特に落日の風景は秀逸である。古来の日本人は、歌に詠む地名である歌枕の風景、国生み神話などの神話の風景、源氏物語などの文学の風景、西行の足跡などの故事の風景、源平合戦などの合戦跡の風景などに強くとらわれていた。しかし、江戸時代の中頃、風景の見方に徐々に変化が現れてくる。その先駆けは、儒学・本草学などを修め、合理的な眼を培った福岡藩の儒学者貝原益軒であった。益軒は、1689（元禄2）年、現在の大阪泉から加太に向かい、「加太、淡嶋の前は入海なり。此地、佳景なり」「沖に友ヶ島、二つながらはるかに見ゆ、風景よし」（『己巳紀行』）と記していた。益軒は遊覧や漫遊をこよなく愛し、名所にとらわれることなく、自然景を素直に評価し始めた人であった。

　2016（平成28）年現在、友ヶ島の沖ノ島が「天空の城ラピュタ」として人気を集めている。明治時代の要塞が神秘的な風景をつくりだしているからである。紀淡海峡は明治政府にとって海岸防御要地の一つであり、1889（明治22）年から1906（明治39）年にかけて、海峡部の淡路島由良、友ヶ島、加太・深山に要塞を築き、陸軍の由良要塞司令部の管轄に置いた。当時、このような海岸防御の司令部が全国に10カ所発足し、瀬戸内海には3カ所存在していた。また、沖ノ島には、1872（明治5）年、イギリス人技師リチャード・ブラントンが建設した燈台が残っている。ブラントンは明治初年全国26カ所にわが国最初の洋式燈台を建設した。近代の洋式燈台は、開国に伴い重要航路について欧米列強に建設を迫られたことに端を発している。ブラントンが瀬戸内海で白御影石（花崗岩）を用いて建設した白亜の燈台は、友ヶ島、江崎、鍋島、釣島、部埼、六連島にある。明治初年の洋式燈台はとりわけ明治という歴史と文化を感じさせるものである。

高野龍神国定公園高野山　＊世界遺産

　高野山は空海（弘法大師）が平安時代9世紀に開いた金剛峯寺を中心と

Ⅳ　風景の文化編　159

する多数の寺院、宿坊などが集まる仏教の霊場である。蓮の花が開いたような八葉の峰に囲まれた標高約800ｍの盆地となっている。高野六木といわれたコウヤマキ、マツ、スギ、ヒノキ、モミ、ツガが守られてきたが、巨樹となってうっそうとした聖地をつくりだしている。

都 和歌山公園 ＊史跡、名勝、重要文化財

　日本の平山城は美しい。その土地の中心地に小高い山がある。そこに城が築かれ、城下町が整えられる。幾百年にもわたり、人々は暮らしの中で城を見上げ、みずからがこの国の者であるとアイデンティティを確認する。紀州人にとって、和歌山城はまさしくそのような城である。日本三大連立式平山城に数えられるこの城は、和歌山市の中心部に位置し、市内各所から眺めるとき、アングルごとに鮮やかに相貌を変える。城の美しさの基準として、見る角度で変化する多彩な形姿があげられるならば、和歌山城は実に美しい城である。御三家紀州徳川家の偉容が、余すところなく示されている。天然の堀に紀ノ川を擁し、標高48.9ｍの虎伏山に築かれたこの城は、元も豊臣秀長の居城であり、普請は築城の名手藤堂高虎があたっている。関ヶ原の合戦後、浅野幸長が入城、城の改築にあたるも浅野家は広島に転封となり、徳川家康の十男・頼宣が入城、ここに南海の鎮としての歴史を刻んでいく。しかし明治に入り、廃城令はこの城にもおよび多くの建造物が解体・移築され、本丸と二の丸一帯が1901（明治34）年、城地を借りた和歌山県により「和歌山公園」として一般開放されたのである。

　明治の末年に国から和歌山市に払い下げられたことを契機に、大正年間、市立和歌山公園は林学博士本多静六の設計の下、5カ年計画で整備され、動物園が開園するなど市民の憩いの場として親しまれていく。空襲で天守が焼け落ちるが、戦後は復元整備が続き、まず1958（昭和33）年に天守が再建、73（昭和48）年に西之丸庭園（紅葉渓庭園）が復元、85（昭和60）年に大手門が再建されるなど、往時の威容を伝える努力が続けられている。平成に入り、二の丸と西の丸を分かつ堀に架けられた「御橋廊下」も復元された。これは、壁と屋根によって箱型にされた橋であり、藩主移動用の施設である。両丸の高低差により約11度傾いてあり、独特の景観を演出している。現在、和歌山公園には四季の花々や各種イベントなど、各地の城址公園に共通する魅力があふれている。さらに、この場所ならではの魅力

として、石垣と坂があげられる。秀長の時代、浅野の時代、徳川の時代によって、それぞれ石の色合いも積み方も異なった石垣が連なっており、その間隙を坂が縫う。大手門から威風堂々たる表坂を上るのも、不明門から天守に向けて一気に新裏坂を上がるのもよく、園内動線によって多様な風景変化を楽しむことができる。

都 平草原公園　＊日本の都市公園 100 選

　和歌山県南西部に位置する白浜町は、日本書紀にも登場する温泉地である。眼下にこの白浜温泉街と田辺湾が一望できる、標高130mの高台に開かれた14.0haの公園である。平草原という名称は、平らな草原であるという意の地名からきている。1970（昭和45）年、白浜町の町制施行30周年を記念して、この丘陵の自然地形を生かした公園として整備することとなった。園内では眺望とともに四季の彩を楽しむことができ、特に春はソメイヨシノを中心に、オオシマザクラ、ヤマザクラなど10種以上約2,000本の桜が咲き誇り、花見スポットとして人気が高い。外周には全長約2kmのアスレチックコースがあり、丸太や網でつくられた素朴な遊具が配置され、家族連れに親しまれている。

都 和歌公園　＊名勝、日本の歴史公園 100 選

　和歌山市南部に位置する和歌の浦は、万葉の時代より景勝地として著名である。近世には紀州藩による保護下に置かれ、西国三十三カ所巡礼や高野山参詣の折に大勢の人々が訪れた。その後近代になり、この地の景観保護策として、1895（明治28）年本公園が設置された。この公園区域は、和歌の浦が人々の生活の場を含む景勝地であり民有地と国有地が混在していたため、複数の地区に散在するものであった。その後1948（昭和23）年に権現山地区、津屋公園・城跡山地区、入相寺地区、妹背山地区、鏡山地区、奠供山地区、片男波地区、8の字公園が都市計画決定され、和歌山県により整備活用が図られて現在にいたる。

庭 和歌山城西之丸庭園（紅葉渓庭園）　＊名勝

　和歌山市一番丁に位置する和歌山城は、1619（元和5）年に徳川頼宣が入ってから、紀州徳川氏の居城となった。紅葉渓庭園は頼宣が入国時に、

IV　風景の文化編　　161

現状のように整備したとされている。内堀を利用して堀の中に柳島を設け、岸辺に鳶魚閣を建て、下段に園池を掘り、上段に滝と流れを設けている。園池護岸や滝組にはすべて青石（結晶片岩）が使われていることが、特色になっている。西方台地上には、江戸時代には御座之間や茶室水月軒などが存在していた。1971〜73（昭和46〜48）年度に庭園の改修が行われているが、2006（平成18）年には二の丸との間の御橋廊下が復元されて、廊下からも庭園が眺められるようになった。

庭 粉河寺庭園 ＊名勝

　紀の川市にある粉河寺は、平安時代には補陀落信仰の中心地として栄えていた。1585（天正13）年に豊臣秀吉の紀州攻めで、建物のほとんどが焼けたが、江戸時代に紀州徳川家の援助で再建されている。しかし、1713（正徳3）に多くの建物が焼失したことから、現在の本堂が20（享保5）年に再建された。庭園は本堂前の石段の両横斜面に、土止めを兼ねてつくられていて、石組には巨大な青石が使用されている。左側の石橋が架かった滝石組は、上段の排水も兼ねている。作庭年代は桃山時代とされているが、江戸時代に京都の庭師が作庭したという話が、地元には伝わっている。中央の石段の銘は「安永二癸巳（1773）」と読めるという。

庭 養翠園 ＊名勝

　和歌山市西浜にある養翠園は、1804〜18年（文化年間）頃には山本理左衛門の下屋敷だった。しかし、紀州藩10代藩主治宝が18〜25（文政元〜8）年に、建物と庭園を改修して移り住んでいる。治宝の死後は家老の三浦長門守に与えられたが、主要な建物は撤去されて、1933（昭和8）年に藤井家の所有になった。現在は1821（文政4）年建造の書院（養翠亭）と、茶室（実際庵）が残っている。敷地面積は約33,000㎡だが、園池は約12,000㎡という大規模なもので、「潮入りの庭」になっている。中国の西湖堤を模して三ツ橋を架け、前方の焼山と章魚頭姿山を借景としてとり入れている。作庭者は将軍家庭作役の「山本某」という。

162

地域の特性

和歌山県は、紀伊半島の南西部に位置し、本州最南端の県である。山岳地域が広く、森林地域が80％を占めるほどである。熊野三山や高野山など、古くから日本人の信仰のよりどころであったが、明治時代以降は地の利の悪さから近代化の波に乗り遅れた。県北部では、関西国際空港の開港による経済波及効果が期待されている。全国1位のミカンをはじめ、ウメ、カキなどの産地として全国有数の生産量を誇っている。

◆旧国名：紀伊　県花：ウメ　県鳥：メジロ

温泉地の特色

県内には宿泊施設のある温泉地が49カ所あり、源泉総数は498カ所で、中高温泉が多い。湧出量は毎分約6万ℓほどで、全国14位にランクされる。25〜42℃の源泉が多くて60％を占め、高温の42℃以上の26％を加えると86％になり、温泉資源性は高い。年間延べ宿泊客数は約325万人で全国15位である。主な温泉地としては、全国7位の白浜（174万人）、25位の那智勝浦（69万人）の2大観光温泉地があり、いずれも豊富な温泉資源に支えられて発展している。国民保養温泉地として、熊野本宮（湯の峰・川湯・渡瀬）と龍神（竜神・小又川）が指定されており、紀伊山地の山峡の湯として知られている。

主な温泉地

① **白浜**（しらはま）　174万人、7位
塩化物泉、炭酸水素塩

県南西部、白浜半島の景勝地に形成され、1,350年ほどの歴史を有するという日本の代表的観光温泉地であり、道後、有馬と並んで「日本三古湯」として知られる。今に残されている「崎の湯」浴場は、古代の飛鳥時代か

Ⅳ　風景の文化編　163

ら続く最古の温泉といわれ、『日本書紀』や『続日本紀』などに斉明、持統、文武天皇らが来湯したことが記されている。江戸時代になって紀州徳川藩の支配下に置かれ、また、湯崎温泉街にある「牟婁の湯」など、温泉場の発展に伴って各地に共同浴場が造られ、現在7カ所を数える。白浜温泉では大正時代以降、新たに白良浜地区の開発が始まり、温泉地域が広がった。

　第2次世界大戦後は、観光ブームの流れに応じて歓楽温泉地としての発展を遂げ、高層の温泉ホテルや旅館、民宿、企業の保養所、別荘など、多様な宿泊施設が増え、また各種の観光施設が開設された。ジャイアントパンダで知られる複合型遊園施設のアドベンチャーワールド、ゴルフ場、海水浴場や外湯、足湯なども各所に整備された。また、観光協会を中心に、花火大会、ビーチフットボール大会、砂祭り、埋蔵金探しなどのイベントも催されてきた。しかし、バブル崩壊後は経済的停滞を余儀なくされ、宿泊客の減少によるホテル、旅館の閉鎖や保養所の撤退、個人別荘の売却などが増えた。

　白浜温泉に限らず、近年の客層は家族連れ、友人同士のグループなど、個別化した少人数の観光形態に変わってきており、その志向性もまた多様である。白浜のシンボルである円月洞や周辺の観光地を取り込んだ数々のメニューを考え、広域観光の一つの拠点として白浜温泉を位置づけることが求められている。

交通：JR紀勢本線白浜駅、バス15分

②那智勝浦　69万人、25位
硫黄泉

　県南東部、熊野灘に面する日本有数の温泉地であり、熊野詣の信仰とも一体化して宿泊拠点となって発展している。黒潮が洗う波間に紀の松島とよばれる島々が点在し、また中ノ島や岬の高台に高層の温泉ホテルが聳え、船で渡る楽しみのある宿泊施設もある。温泉資源に恵まれており、源泉数は約100で、毎分1万4,000ℓもの大量の温泉が湧出しているが、その半数は未利用である。那智勝浦温泉を代表する大規模ホテルは、宿泊収容人数が約3,000人といわれ、勝浦港から専用の船でホテルへ渡ると、名所の海食洞が海を眺める温泉浴場となっている「忘帰洞」をはじめ、天然洞窟風呂の「玄武洞」など数々の温泉浴場が配置されており、まさに温泉デパートの名に恥じない。熊野詣が盛んであった平安時代末期、熊野三山に参

詣した貴族がこの温泉で疲れを癒したといわれ、また大正末期に訪れた徳川頼倫が、「帰るのを忘れさせるほど心地よい」として名づけたという。

　一帯は「紀の松島」として知られ、ラクダ島、ライオン島や海食の洞窟がある鶴島など、島々の奇岩などを遊覧船で巡ることができる。また、勝浦漁港は近海、遠洋の一大拠点となっており、特にマグロの水揚げで知られ、延縄漁法による生鮮マグロの水揚げは日本一である。そこで、そのセリの光景を観光客に見学させるガイド（有料）もあり、漁港と一体となっているJR紀伊勝浦駅前には3カ所の足湯が整備されている。

　一方、那智勝浦温泉の観光で欠かせないのは、5kmほど北にある那智の滝、熊野那智大社、青岸渡寺である。一段の滝としては落差日本一を誇る133mの那智の大滝は、滝そのものが信仰の対象であり、高台には西国巡礼第一番寺の青岸渡寺がある。本堂は1590（天正18）年に豊臣秀吉によって再建された桃山様式の寺院である。三重の塔の背後に那智の滝を眺める景観は、2004（平成16）年に世界遺産「紀伊山地の霊場と参詣道」に登録され、7月14日の那智の火祭りは一大イベントである。なお、瀞峡や潮岬、捕鯨の町として知られる太地も近い。

交通：JR紀勢本線紀伊勝浦駅

③熊野本宮（湯の峰・川湯・渡瀬）

国民保養温泉地
硫黄泉、炭酸水素塩泉

　県南東部、紀伊山地の山間部に湯の峰、川湯、渡瀬の3温泉地があり、1957（昭和32）年に国民保養温泉地に指定された。古代から中世にかけて、本宮、新宮、那智の熊野三山の信仰が高まり、上皇から庶民に至るまで身分に関係なく参詣し、「蟻の熊野詣」といわれるほどであった。1,800年もの昔に発見されたという湯の峰温泉は、熊野本宮参拝に際して身を清める「湯垢離場」として知られ、河床にある「つぼ湯」は1日に温泉の色が7度変わるという。川湯温泉は川底から湧く温泉に浸かる屋外の千人風呂が有名で、夜間の幻想的な照明がよい。渡瀬温泉は健康志向の温泉地づくりを志向しており、旅館、民宿、クアハウス、キャンプ場、バンガローなどが整備されている。

交通：JR紀勢本線新宮駅、バス1時間

Ⅳ　風景の文化編　　165

④ 龍神（龍神・小又川）　国民保養温泉地　炭酸水素塩泉

　県中東部、日高川源流に近い山間の温泉地であり、高野龍神国定公園内にある。1996（平成8）年に国民保養温泉地に指定された。開湯伝説によると、1,300年ほど前に役小角によって発見され、弘法大師が後に浴場を開いたといわれ、また、地名は難陀龍王の夢のお告げで龍神となったという。江戸時代には、紀州藩主の徳川頼宣によって温泉別荘が造営された。小又川温泉は、日高川支流の小又川河畔に湧く温泉地である。群馬県の川中、島根県の湯の川とともに、「日本三美人湯」といわれる。
交通：JR紀勢本線紀伊田辺駅、バス1時間20分

⑤ 湯川　硫黄泉

　県南東部、那智勝浦温泉の南西に隣接する静かな保養温泉地である。歴史的には、熊野詣の参詣客が旅の疲れを癒し、身を清めた「湯垢離場」の名残のある温泉地である。郷土の詩人である佐藤春夫が命名した「ゆかし潟」のほとりに温泉場が形成されており、近年、宿泊施設の整備が進んだ。
交通：JR紀勢本線紀伊勝浦駅、タクシー

執筆者 / 出典一覧

※参考参照文献は紙面の都合上割愛
しましたので各出典をご覧ください

Ⅰ　歴史の文化編

【遺　跡】　　石神裕之　（京都芸術大学歴史遺産学科教授）『47都道府県・遺跡百科』(2018)

【国宝 / 重要文化財】　森本和男　（歴史家）『47都道府県・国宝 / 重要文化財百科』(2018)

【城　郭】　　西ヶ谷恭弘　（日本城郭史学会代表）『47都道府県・城郭百科』(2022)

【戦国大名】　森岡　浩　（姓氏研究家）『47都道府県・戦国大名百科』(2023)

【名門 / 名家】　森岡　浩　（姓氏研究家）『47都道府県・名門 / 名家百科』(2020)

【博物館】　　草刈清人　（ミュージアム・フリーター）・可児光生　（美濃加茂市民ミュージアム館長）・坂本　昇　（伊丹市昆虫館館長）・髙田浩二　（元海の中道海洋生態科学館館長）『47都道府県・博物館百科』(2022)

【名　字】　　森岡　浩　（姓氏研究家）『47都道府県・名字百科』(2019)

Ⅱ　食の文化編

【米 / 雑穀】　井上　繁　（日本経済新聞社社友）『47都道府県・米 / 雑穀百科』(2017)

【こなもの】　成瀬宇平　（鎌倉女子大学名誉教授）『47都道府県・こなもの食文化百科』(2012)

【くだもの】　井上　繁　（日本経済新聞社社友）『47都道府県・くだもの百科』(2017)

【魚　食】　　成瀬宇平　（鎌倉女子大学名誉教授）『47都道府県・魚食文化百科』(2011)

【肉　食】　　成瀬宇平　（鎌倉女子大学名誉教授）・横山次郎　（日本農産工業株式会社）『47都道府県・肉食文化百科』(2015)

【地　鶏】　　成瀬宇平　（鎌倉女子大学名誉教授）・横山次郎　（日本農産工業株式会社）『47都道府県・地鶏百科』(2014)

【汁　物】　　野﨑洋光　（元「分とく山」総料理長）・成瀬宇平　（鎌倉女子大学名誉教授）『47都道府県・汁物百科』(2015)

【伝統調味料】　成瀬宇平　（鎌倉女子大学名誉教授）『47都道府県・伝統調味料百科』(2013)

【発　酵】　　北本勝ひこ　（日本薬科大学特任教授）『47都道府県・発酵文化百科』(2021)

【和菓子 / 郷土菓子】亀井千歩子　（日本地域文化研究所代表）『47都道府県・和菓子 / 郷土菓子百科』(2016)

【乾物 / 干物】　星名桂治　（日本かんぶつ協会シニアアドバイザー）『47都道府県・乾物 / 干物百科』(2017)

Ⅲ　営みの文化編

【伝統行事】　　神崎宣武　（民俗学者）『47都道府県・伝統行事百科』(2012)

【寺社信仰】　　中山和久　（人間総合科学大学人間科学部教授）『47都道府県・寺社信仰百科』(2017)

【伝統工芸】　　関根由子・指田京子・佐々木千雅子　（和くらし・くらぶ）『47都道府県・伝統工芸百科』(2021)

【民　話】　　　矢部敦子　（小平民話の会会員）/ 花部英雄・小堀光夫編『47都道府県・民話百科』(2019)

【妖怪伝承】　　化野燐　（小説家）/ 飯倉義之・香川雅信編、常光徹・小松和彦監修『47都道府県・妖怪伝承百科』(2017) イラスト©東雲騎人

【高校野球】　　森岡浩　（姓氏研究家）『47都道府県・高校野球百科』(2021)

【やきもの】　　神崎宣武　（民俗学者）『47都道府県・やきもの百科』(2021)

Ⅳ　風景の文化編

【地名由来】　　谷川彰英　（筑波大学名誉教授）『47都道府県・地名由来百科』(2015)

【商店街】　　　正木久仁　（大阪教育大学名誉教授）/ 正木久仁・杉山伸一編著『47都道府県・商店街百科』(2019)

【花風景】　　　西田正憲　（奈良県立大学名誉教授）『47都道府県・花風景百科』(2019)

【公園 / 庭園】　西田正憲　（奈良県立大学名誉教授）・飛田範夫　（庭園史研究家）・井原縁　（奈良県立大学地域創造学部教授）・黒田乃生　（筑波大学芸術系教授）『47都道府県・公園 / 庭園百科』(2017)

【温　泉】　　　山村順次　（元城西国際大学観光学部教授）『47都道府県・温泉百科』(2015)

索　　引

あ 行

愛洲氏	31
青空たまご	76
あがら丼	70, 75
安居村暗渠と水路	52
小豆	52
安宅氏	31
旦来(あっそ／名字)	48
アドベンチャーワールド	40
鮎料理	90
有田市	3
淡嶋神社甘酒祭	90
安珍・清姫	93
安藤家	34
あんのし	98
イカとみかんのごま酢みそ	
和え	63
イガミ料理	68
イチゴ	63
イチジク	61
市之瀬城	24
市和歌山高	134
一本ダタラ	127
稲むらの火の館	41
イノシシとシカ	72
イノブタ	72
妹背家	35
芋掘り長者	122
伊予カン	61
いりぼら焼き	57
色川神社例大祭	54
岩倉神社	110
岩橋千塚古墳群	14
岩出市民俗資料館	42
上野山城	24
上山家	35
うけじゃ(サツマイモの汁	
粉)	80
牛鬼	128
雨錫寺	110
うすかわ饅頭	56, 98
うち豆腐入り雑煮	80
ウツボ煮	67
ウツボの佃煮	67

ウツボ料理	67
ウバメガシ	4
ウメ	4, 60, 155
梅酒	89
うめ振興館	64
梅とジャコの炊き込みご飯	
	53
梅干し	85, 89
うるち米	51
エルトゥールル号	6
生石高原のススキ	157
老松煎餅	57
王子神社	109
大鰺	100
大潟神社	112
狼報恩	123
大背美流れ	6
太田黒田遺跡	13
太田城	24
大谷古墳	15
大野城	25
大飯盛物祭	54
送り雀	128
おけし餅	97
小田井用水	52
織田信長	8, 30
おちちまん	95
男山焼	139
小山氏	31
温故傳承館	91

か 行

海南高	133
海南市	3
偕楽園焼	139
カキ	60
垣内(名字)	47
柿酢	89
柿ドレッシング	85
柿ドレッシング・ヤンキー	
シェフのドレッシング	85
柿のキンピラ	64
柿の葉寿司	6, 89, 101
加太	143
加太わかめ	100

カツオ潮汁	81
カツオの粗汁	81
カツオ飯	68
角長(民具館)職人蔵・醤油	
資料館	90
角長醤油	84
カネイワ醤油本店	84
かまくら漬け	89
カマスのひもの	100
学文路	143
亀池	52
亀山城	25
鴨取り権兵衛	121
きぃそば(黄そば)	58
紀伊徳川家	8
キウイ	61
紀央館高	133
紀家	35
紀州うめたまご	76
紀州うめどり	71, 76
紀州うめぶた	71
紀州漆器	5, 115
紀州箪笥	5, 116
紀州鶏	76
紀州へら竿	117
吉祥庵	112
橘本神社の菓子祭	96
キヌヒカリ	51
きぬむすめ	51
紀の川漬け	89
きびのいびつもち	56
紀三井寺のサクラ	153
紀三井寺「初午福つき大投	
餅」	96
旧西村家住も	21
京都大学白浜水族館	41
清姫	128
清見	61
金山寺味噌	84
くえ鍋	81
串柿	97
串本	144
鯨のお礼	123
鯨の胡麻和え	73
鯨の龍田揚げ	73

169

クジラ料理	72	さらしクジラの酢味噌和え		太地の鯨料理	90
九度山町	144		73	大豆	52
九度山伝説	95	サラダほうれん草汁	81	小鳥遊（たかなし／名字）	48
熊野	145	サンショウ	61	高松焼	140
熊野牛	70	三体月	124	タチウオの糸造り	68
熊野古道	5	サンポウカン	63	タチウオ料理	68
熊野三山	5	サンマのなれずし	53	田辺高	134
熊野灘の海産物	6	三万五千石（銘菓）	97	田辺サンド	75
熊野速玉大社	113	椎出鬼の舞	54	田辺市	3
熊野速玉大社御船祭	106	七川ダム湖畔のサクラ	154	田辺市中心商店街	150
熊野本宮	165	小竹八幡神社	111	田辺城	27
熊野本宮祭	105	下ずし	67	玉置氏	32
熊野詣	7	ジャバラ	62	田屋遺跡	13
クリ	63	酒盗	68	チェリモヤ	62
ケンケンカツオ茶漬け	53	棕櫚箒	118	智弁和歌山高	135
小アジの桃山漬け	68	醸造用米	51	茶がゆ	90
神前（こうざき／名字）	47	醤油	6, 79, 88	長保寺	4
高野山高	133	醤油まんじゅう	97	土ほり	130
高野龍神国定公園高野山		不知火	61	苞巻きずし	67
	159	白浜	163	釣鐘まんじゅう	57, 75, 94
向陽高	133	白浜温泉	5	てこねずし	68
小えびのだんご汁	80, 81	白身魚とヤマイモの摺り流		天蓋藪	130
粉河寺縁起	18	し	68	桐蔭高	135
粉河寺庭園	162	新宮高	134	闘鶏神社	93
こけらずし	90	新宮市	3	桃源郷のモモ	155
古座神社	112	新宮城	26	道成寺縁起	19
コシヒカリ	51	新宮商店街	151	十日戎の「のし飴」	95
古神宝類	19	新宮市立佐藤春夫記念館	42	徳川家	36
コダマ	129	スイカ	62	徳川吉宗	9
コヅキ（ハッタイ）	57	瑞芝焼	138	徳川頼宣	2, 8
粉生姜	100	杉野原の御田舞	54	豊臣秀吉	8, 30
御坊	145	周参見（すさみ／名字）	47	トルコ記念館	41
御坊市	3	ススキ	157	**な 行**	
ごぼう巻き	67	鈴木氏	31	長藪城	27
ごま豆腐	100	すずめずし	67	ナシ	63
小麦	52	栖原家	35	那智勝浦	164
子安地蔵寺のフジ	156	炭焼きと狼	124	那智黒	98
金剛三昧院多宝塔	3	スモモ	61	那智黒硯	118
金剛峯寺不動堂	3, 20	星林高	134	那智山経塚群	16
コンニャクの貰い風呂	125	世界遺産熊野本宮館	42	那智火祭	105
さ 行		瀬戸内海国立公園加太・友		ナツミカン	62
雑賀（名字）	47	ヶ島	159	生しらす	100
雑賀氏	31	銭筒こかし	129	鳴神貝塚	6
雑賀衆	8	寒川（そうがわ／名字）	48	鳴滝遺跡	15
雑賀城	26	底主人	130	なれずし	66, 89
酒饅頭	89	そば	52	南海の鎮	3
サクラ	153, 154	**た 行**		南蛮焼き	67, 85
真田まんじゅう	95	タイ潮汁	81	南部高	135
真田幸村	94	大根汁	81	丹生都比売神社御田祭	53
さば汁	68, 85	太地町立くじらの博物館	40	丹生都比売神社祈年祭	90

丹生の笑い祭	106
握りずしタネ	66
肉吸い	130
西熊野神社	109
日本酒	88
日本ナシ	63
ネーブルオレンジ	61
根来寺多宝塔	4, 20
根来寺のサクラ	154
根来寺坊院跡	16
根来衆	8, 32
煉羊羹	97
野槌	131
野村家	36

は 行

橋本市	3
ハッサク	61
ハッサクのサラダ	64
ハッタイ（コヅキ）	57
花坂やきもち	97
浜口家	36
ハマボウ	157
バレンシアオレンジ	61
ビール	88
ひじり羊羹	97
日高川河口のハマボウ	157
日高高	135
姫ひじき	100
広八幡神社	111
ビワ	62
フジ	156
藤崎井用水	53
ブダイ料理	68
仏涅槃図	18
ブドウ	62
ぶどう山椒粉	99
船幽霊	131
ぶらくり丁	149
ブルーベリー	62
平草原公園	161
辨慶の釜	93
弁慶の父・湛増	93

遍照寺	110
捕鯨	6
ほしだんご	56
堀内氏	32
ホロホロ鳥	76
ポン酢しょうゆ	85
本ノ字饅頭	97
本町商店街	152
中町商店街	152

ま 行

真鯖	100
まんじゅう	56
三浦家	37
ミカン（蜜柑）	2, 59
みかん資料館	64
みかんパン	63
みかん羊羹	63
水野家	37
水ひょろ	122
味噌	79, 88
南方熊楠	5
南方熊楠記念館	41
水門吹上神社「牛の舌餅投げ」	96
南部梅林のウメ	155
箕島高	136
みろく石	97
武蔵坊弁慶	92
メジロ	77
メヌリ	131
めはりずし	53, 67, 90
目良氏	32
もち米	51
モチミノリ	51
モモ（桃）	62, 155

や 行

保田紙	117
安田家	37
八咫烏神事	104
山芋のとろろ汁	80, 81
山路王子神社	109

山本氏	32
湯浅城	27
湯浅醤油	83
湯川（名字）	47
湯川（温泉）	166
湯川氏	33, 34
柚子たれ	85
柚もなか	97
湯葉巻きずし	67, 100
養翠園	162

ら 行

竜神（名字）	48
龍神	146, 166
龍神氏	33
リンゴ	62
六文銭	95

わ 行

和歌浦せんべい	75
和歌公園	161
和歌の浦	4
若野用水	53
和歌山県世界遺産センター	42
和歌山県立紀伊風土記の丘	39
和歌山県立自然博物館	38
和歌山県立博物館	39
和歌山工（高）	136
和歌山公園	160
和歌山市	2
和歌山商（高）	136
和歌山城	28
和歌山城西之丸庭園（紅葉渓庭園）	161
和歌山市立こども科学館	42
和歌山市立博物館	40
和歌山ダイコン汁	80
和歌山ラーメン	58, 75
脇村家	37

47都道府県ご当地文化百科・和歌山県

令和 6 年 9 月 30 日　発　行

編　者　丸　善　出　版

発行者　池　田　和　博

発行所　丸善出版株式会社

〒101-0051 東京都千代田区神田神保町二丁目17番
編集：電話 (03) 3512-3264／FAX (03) 3512-3272
営業：電話 (03) 3512-3256／FAX (03) 3512-3270
https://www.maruzen-publishing.co.jp

© Maruzen Publishing Co., Ltd. 2024

組版印刷・富士美術印刷株式会社／製本・株式会社 松岳社

ISBN 978-4-621-30953-7　C 0525　　　　　　Printed in Japan

JCOPY 〈(一社)出版者著作権管理機構　委託出版物〉
本書の無断複写は著作権法上での例外を除き禁じられています．複写
される場合は，そのつど事前に，(一社)出版者著作権管理機構（電話
03-5244-5088, FAX 03-5244-5089, e-mail：info@jcopy.or.jp）の許諾
を得てください．

【好評既刊 ● 47都道府県百科シリーズ】
（定価：本体価格3800〜4400円＋税）

47都道府県・**伝統食百科**……その地ならではの伝統料理を具体的に解説
47都道府県・**地野菜/伝統野菜百科**……その地特有の野菜から食べ方まで
47都道府県・**魚食文化百科**……魚介類から加工品、魚料理まで一挙に紹介
47都道府県・**伝統行事百科**……新鮮味ある切り口で主要伝統行事を平易解説
47都道府県・**こなもの食文化百科**……加工方法、食べ方、歴史を興味深く解説
47都道府県・**伝統調味料百科**……各地の伝統的な味付けや調味料、素材を紹介
47都道府県・**地鶏百科**……各地の地鶏・銘柄鳥・卵や美味い料理を紹介
47都道府県・**肉食文化百科**……古来から愛された肉食の歴史・文化を解説
47都道府県・**地名由来百科**……興味をそそる地名の由来が盛りだくさん！
47都道府県・**汁物百科**……ご当地ならではの滋味の話題が満載！
47都道府県・**温泉百科**……立地・歴史・観光・先人の足跡などを紹介
47都道府県・**和菓子/郷土菓子百科**……地元にちなんだお菓子がわかる
47都道府県・**乾物/干物百科**……乾物の種類、作り方から食べ方まで
47都道府県・**寺社信仰百科**……ユニークな寺社や信仰を具体的に解説
47都道府県・**くだもの百科**……地域性あふれる名産・特産の果物を紹介
47都道府県・**公園/庭園百科**……自然が生んだ快適野外空間340事例を紹介
47都道府県・**妖怪伝承百科**……地元の人の心に根付く妖怪伝承とはなにか
47都道府県・**米/雑穀百科**……地元こだわりの美味しいお米・雑穀がわかる
47都道府県・**遺跡百科**……原始〜近・現代まで全国の遺跡＆遺物を通観
47都道府県・**国宝/重要文化財百科**……近代的美術観・審美眼の粋を知る！
47都道府県・**花風景百科**……花に癒される、全国花物語350事例！
47都道府県・**名字百科**……NHK「日本人のおなまえっ！」解説者の意欲作
47都道府県・**商店街百科**……全国の魅力的な商店街を紹介
47都道府県・**民話百科**……昔話、伝説、世間話…語り継がれた話が読める
47都道府県・**名門/名家百科**……都道府県ごとに名門/名家を徹底解説
47都道府県・**やきもの百科**……やきもの大国の地域性を民俗学的見地で解説
47都道府県・**発酵文化百科**……風土ごとの多様な発酵文化・発酵食品を解説
47都道府県・**高校野球百科**……高校野球の基礎知識と強豪校を徹底解説
47都道府県・**伝統工芸百科**……現代に活きる伝統工芸を歴史とともに紹介
47都道府県・**城下町百科**……全国各地の城下町の歴史と魅力を解説
47都道府県・**博物館百科**……モノ＆コトが詰まった博物館を厳選
47都道府県・**城郭百科**……お城から見るあなたの県の特色
47都道府県・**戦国大名百科**……群雄割拠した戦国大名・国衆を徹底解説
47都道府県・**産業遺産百科**……保存と活用の歴史を解説。探訪にも役立つ
47都道府県・**民俗芸能百科**……各地で現存し輝き続ける民俗芸能がわかる
47都道府県・**大相撲力士百科**……古今東西の幕内力士の郷里や魅力を紹介
47都道府県・**老舗百科**……長寿の秘訣、歴史や経営理念を紹介
47都道府県・**地質景観/ジオサイト百科**……ユニークな地質景観の謎を解く
47都道府県・**文学の偉人百科**……主要文学者が総覧できるユニークなガイド